"互联网+"背景下高校外语教学模式创新研究

权玉华◎著

吉林出版集团股份有限公司
全国百佳图书出版单位

图书在版编目（CIP）数据

"互联网+"背景下高校外语教学模式创新研究 / 权玉华著 . -- 长春：吉林出版集团股份有限公司，2022.11

ISBN 978-7-5534-9780-8

Ⅰ.①互… Ⅱ.①权… Ⅲ.①外语教学 – 教学模式 – 研究 – 高等学校 Ⅳ.① H09

中国版本图书馆 CIP 数据核字 (2022) 第 220822 号

"互联网+"背景下高校外语教学模式创新研究
"HULIANWANG+" BEIJING XIA GAOXIAO WAIYU JIAOXUE MOSHI CHUANGXIN YANJIU

著　　者	权玉华
责任编辑	祖　航
封面设计	李　伟
开　　本	710mm×1000mm　　1/16
字　　数	240 千
印　　张	13
版　　次	2024 年 1 月第 1 版
印　　次	2024 年 1 月第 1 次印刷
印　　刷	天津和萱印刷有限公司

出　　版	吉林出版集团股份有限公司
发　　行	吉林出版集团股份有限公司
地　　址	吉林省长春市福祉大路 5788 号
邮　　编	130000
电　　话	0431-81629968
邮　　箱	11915286@qq.com
书　　号	ISBN 978-7-5534-9780-8
定　　价	78.00 元

版权所有　翻印必究

前　言

"互联网＋教育"是利用新一代的信息技术，更新教育理念、变革教育模式、推动教育创新发展的新形态。它大大提高了教育教学的效率，通过技术共享教育资源，以解决优质教育资源不足的问题。互联网同教育深度融合，也正在引发教育人才培养流程、教育整体形态等的变化。

在"互联网＋"语境下，教育技术不仅推动了教学模式、教学方法、教学手段的革新，而且改变了外语教育学科的内涵，促进了外语教学的变革。外语课程和技术的深入融合，首先，作用于外语教育的主体——教师和学生。教师不再是传统教学活动中的掌控者，而是成为学生的引导者、合作者；学生不再是单纯的接收者，而是成为学习的主体，由"接受性学习"转变为"发现性学习"。其次，促使教学理念由知识本位向思维本位转变。互联网时代，为适应新形势下人才培养需要，教学的核心必然要从以知识传授为主向以思维训练、探究能力培养、创新能力培养为主转化。再次，促使教学模式多样化。"互联网＋"语境下，催生了慕课、微课、翻转课堂等，大量教育资源、教育平台出现，课堂由单一讲授向多样化师生互动转变；学生移动学习、泛在学习成为可能，促进了学生主动学习，拓展了数字化学习环境；信息化教育技术同样催生了智慧课堂教学模式，使教育信息和课程资源互通互享，教师资源、教材资源、教室资源、教学设备得到最大化利用。随着教育信息化的深入，大学慕课、翻转课堂等成为热门，混合式教学成为契合"互联网＋"时代的新型教学模式。

总之，"互联网＋"时代，推动了外语教学在教学理念、师生关系、课程资源、课程内容、教学模式、评价方式等方面的改革和创新，不断增强外语教学质量，以培养适合时代需求的外语人才。

本书第一章为教学模式的基本概述，主要从教学模式的界定、教学模式的特性及功能、教学模式的结构、教学模式的发展等方面进行阐述。第二章"互联网

+教育"创新实践与发展，主要从"互联网+教育"创新本质、"互联网+教育"的机制两大方面进行阐述。第三章为"互联网+"背景下的高校外语教学，该章节中对"互联网+"背景下高校外语教学的内涵、"互联网+"背景下高校外语教学的新要求、"互联网+"背景下高校外语教学的机遇与挑战进行了分析。第四章为"互联网+"背景下的高校外语新型教学模式，主要从"互联网+高校外语"新型教学模式的特征、"互联网+高校外语"新型教学模式的意义两方面展开论述。第五章"互联网+"背景下的高校外语教学模式的结构，从"互联网+"背景下高校外语教学观念研究、教学形式创新、教学保障措施、教学效果评估几方面展开了论述。第六章为"互联网+"背景下的翻转课堂教学模式，分别为翻转课堂概述、"互联网+"背景下高校外语翻转课堂的教学定位、教学工具、组织实施、教学评价及教学案例六个方面进行了阐述。第七章为"互联网+"背景下的移动自主课堂教学模式，主要对云课堂中师生进入自主学习角色、云计算网络移动自主课堂的改革突破、构建网络移动自主课堂教学的重要性三方面内容进行了阐述。第八章为"互联网+"背景下的智慧课堂教学模式，从智慧课堂教学模式构建、实践条件、教学目标、教学活动、教学评价及教学案例六个方面进行了全面分析。第九章为"互联网+"背景下的混合式教学模式，首先对混合式教学模式进行了概述分析，随后从"互联网+"背景下高校外语混合式教学的教学目标、教学设计、教学平台的设计、效果评价四个方面进行了论述。

  在撰写本书的过程中，参考了大量的学术文献，作者得到了许多专家学者的帮助和指导，在此表达真诚的感谢。由于时间仓促，作者水平有限，书中难免会有疏漏与不妥之处，希望广大同行批评指正。

权玉华
2022年5月

目 录

第一章 教学模式的基本概述 …………………………………………………… 1
　第一节 教学模式的界定 …………………………………………………… 2
　第二节 教学模式的特性及功能 …………………………………………… 4
　第三节 教学模式的结构 …………………………………………………… 8
　第四节 教学模式的发展 …………………………………………………… 10

第二章 "互联网＋教育"创新实践与发展 …………………………………… 23
　第一节 "互联网＋教育"创新本质 ……………………………………… 24
　第二节 "互联网＋教育"的机制 ………………………………………… 33

第三章 "互联网＋"背景下的高校外语教学 ………………………………… 39
　第一节 "互联网＋"背景下高校外语教学的内涵 ……………………… 40
　第二节 "互联网＋"背景下高校外语教学的新要求 …………………… 43
　第三节 "互联网＋"背景下高校外语教学的机遇与挑战 ……………… 47

第四章 "互联网＋"背景下的高校外语新型教学模式 ……………………… 61
　第一节 "互联网＋高校外语"新型教学模式的特征 …………………… 62
　第二节 "互联网＋高校外语"新型教学模式的意义 …………………… 66

第五章 "互联网＋"背景下的高校外语教学模式的结构 …………………… 69
　第一节 "互联网＋"背景下高校外语教学观念研究 …………………… 70
　第二节 "互联网＋"背景下高校外语教学形式创新 …………………… 74

第三节　"互联网+"背景下高校外语教学保障措施……………………80
  第四节　"互联网+"背景下高校外语教学效果评估……………………84

第六章　"互联网+"背景下的翻转课堂教学模式………………………………87
  第一节　翻转课堂概述……………………………………………………88
  第二节　"互联网+"背景下高校外语翻转课堂的教学定位……………94
  第三节　"互联网+"背景下高校外语翻转课堂的教学工具……………97
  第四节　"互联网+"背景下高校外语翻转课堂的组织实施……………100
  第五节　"互联网+"背景下高校外语翻转课堂的教学评价……………109
  第六节　"互联网+"背景下高校外语翻转课堂的教学案例……………112

第七章　"互联网+"背景下的移动自主课堂教学模式…………………………117
  第一节　云课堂中师生进入自主学习角色………………………………118
  第二节　云计算网络移动自主课堂的改革突破…………………………122
  第三节　构建网络移动自主课堂教学的重要性…………………………126

第八章　"互联网+"背景下的智慧课堂教学模式………………………………131
  第一节　"互联网+"背景下高校外语智慧课堂教学模式构建…………132
  第二节　"互联网+"背景下高校外语智慧课堂教学模式的实践条件…137
  第三节　"互联网+"背景下高校外语智慧课堂教学模式的教学目标…138
  第四节　"互联网+"背景下高校外语智慧课堂教学模式的教学活动…140
  第五节　"互联网+"背景下高校外语智慧课堂教学模式的教学评价…146
  第六节　"互联网+"背景下高校外语智慧课堂教学模式的教学案例…149

第九章　"互联网+"背景下的混合式教学模式…………………………………155
  第一节　混合式教学模式概述……………………………………………156
  第二节　"互联网+"背景下高校外语混合式教学的教学设计…………171
  第三节　"互联网+"背景下高校外语混合式教学平台的设计…………183
  第四节　"互联网+"背景下高校外语混合式教学的效果评价…………190

参考文献…………………………………………………………………………197

第一章　教学模式的基本概述

　　模式是一种科学操作，模式是一种问题解决的思维方法，模式是一种沟通实际与理论之间的桥梁或中介。本章从教学模式的界定、教学模式的特性及功能、教学模式的结构、教学模式的发展四个方面展开论述。

第一节　教学模式的界定

　　现代教育在现代社会中有着越来越重要的意义，对于现代教育的界定，实际是界定教学模式的前提条件，只有对现代教育的方向和定义进行明确界定，才能确定教学模式的要求和规定。总的来说，现代教育是与现代经济体制、现代生产制度、现代科学技术、现代文化体系、现代社会生活方式相适应的教育理念、教育形式和教育特征。再详细点来说，现代教育实际上是随着商品经济的发展，从资本主义大工业时代发展起来的一种教育模式。现代教育一方面与当前的历史时代密切相关，另一方面对国家和社会的发展具有至关重要的作用和意义。现代教育在人才培养上，一方面注重人的个性与社会共性发展的协调统一，另一方面注重受教育者德、智、体、美、劳的全面发展。现代教育理念下的具体措施就是教育模式，教育模式是在一定的教学理论指导下的教育活动，在活动的开展中需要遵循一定的活动框架。因此，在这个层面来说，教育模式呈现出有序性，又具有递进性，其内部各要素需要协调共存，以此形成合理可行的教学模式。

　　根据教育对象的不同，现行的教育模式分为以下不同的类型：

　　首先是普通教育。根据受教育者的年龄和教学深度进行划分：一是义务教育，指的是在中小学阶段，涵盖 7—15 岁青少年儿童的教育；二是高等教育，指的是 16—18 岁的高中阶段教育和 18—22 岁的大学阶段教育，艺术院校不包含在内。

　　其次是职业教育。职业教育的对象是青少年以及成年人。职业教育的教育内容主要包括：职业生产必须掌握的职业技能、行业的相关知识和职业道德规范。模式包括：一是职业学校教育，指的是学生在经过相关的学习和考试以后取得合格的成绩，进而取得相应学历，学校颁发学历证书的一种教育模式；二是职业培训，主要指的是针对某项具体的技能教育，例如学徒训练、专业训练、职业前期训练、在岗训练、转岗训练等。职业培训与职业学校教育不同，其侧重点在于职业生涯中具备的技能，不仅有理论知识还有实践知识，学习者在接受职业培训后进行考核，考核合格就可以获得相应的职业培训证书或资格证书。

　　除此之外，现在针对成年人开设的学历教育，如成人学历教育也具备一定规模。成人学历教育主要针对已经成年且没有取得高等学历证明的人群，对其进行一定的文化及素质教育，起着取代大学本科教育以及企业学徒特别训练的作用，帮助受教育者提高个人的能力，丰富个人的知识，提高相关的专业技能，从而使他们的思维发展更加均衡而独立，帮助他们更好地在社会中工作和生存。

成人学历教育主要分为成人高考和高教自考两种模式：成人高考属于国民教育范畴，被列入国家招生计划，是由国家统一安排招生考试，国家教育局承认学历，由各省、自治区统一组织录取。高教自考则是针对受教育者自学而实行的一种学历考试，旨在通过国家级别的高等教育考试来提高公民自我学习与自我进修的能力，帮助提高全民族的文化水平和受教育程度，更好地满足社会主义的建设和需要。

现代教育理念下的教育模式具有以下特点：教学模式的可操作性、指向性、整体性、灵活性、稳定性等。现代教育模式就由这些特点共同构成。因此，可以有意识地在制定教育模式时朝这些特点靠拢，有利于更好地呈现出教育模式具有的优势。

随着教学设备的不断更新，在教学形式上可以对教学模式进行划分，设计具体教学模式的过程中，要根据具体的教学状态和教学环境进行一种或多种组合的搭配。

第一种是讲授式。讲授式教学是一种教学基点为教师活动的教学模式。这种教学模式以教师为中心，根据教师的讲课、示范等内容开展活动。在教学活动中学生处于客体的地位，要对教师的讲解进行理解和吸收，这是该教学模式的特点。讲授式教学模式的优点是，在讲解过程中教师的主动性和能动性得到充分发挥，可以控制和把握整个教学过程，充分发挥教师的示范性、主导性、带头性作用。与此同时，面对面进行教育活动，教师对学生的学习情况可以及时地掌握，并进行实时有效的调整。又因为教师可以一次面对多个学生进行授课，所以这种教学方式在效率上也具有很大的优势。尽管如此，这种教学模式还是有一定的局限性，学生在课堂上只能被动接受知识，很难对课堂过程施加影响，这不利于启发学生的思维能力，若把握不好尺度就会沦为填鸭式教学。

第二种是启发式。教师在具体的教学工作中，根据个人所积累的经验对学生进行提问、启发等，从而让学生在回答问题的过程中寻找到答案。这种教学方式在一定程度上替换了教师和学生主体与客体的位置，教师降低自己的主观性，从而把更多的问答自由交到了学生的手里，让学生通过自己的努力去寻找答案。但需要注意的是，这种教学方式对教师的教技能力要求很高，教师不仅需要对知识点的教授程度非常熟练，而且要对学生的学习状况了如指掌，才能有针对性地启发学生的思考，唤醒学生的创造力。

第三种是讨论式。这种教学模式通常将数位学生作为一个整体，对课程中的问题进行讨论和研究。讨论式教学模式的特点为：创造一个宽松、平等的学习环境，让学生在集体活动中对问题进行共同研究和解决。学生在这种教学模式中处于主体地位，具有很强的主观能动性和积极主动性，而且通过自己的讨论获得的答案往往理解得更深刻、透彻。学生在小组活动中可以进行分工协作，以便形成良好的学习氛围。

第二节　教学模式的特性及功能

一、教学模式的特性

（一）教学模式的指向性

任何一种教学模式，都是针对固定的受教育者和相应的教育目标。为此，在教育模式设计时，必须有意识地把受教育者和既定的教育目标作为教学模式的基础前提和落脚点，并以此推广。教学模式的设计要慎之又慎，否则整个教育模式就会变成无根之水，即使它的设计部分非常出彩，但是对于构建一个有意义的教育模式而言是没有任何意义的。教学模式的顺利运行需要一定的背景和条件，地域不同，教育模式也不相同，而这点在制定教育模式的评价标准时也需要注意。将不同的教育模式进行比较的行为是没有意义的，教学过程中，要根据教育模式的特点进行选择。因而，教育模式的特性之一就是指向性。

（二）教学模式的结构性

结构反映客观事物各个要素之间的组织规律和结构形式。支持结构性说法的研究者认为，教学模式是教学结构的一种表达形式。从广义角度看，教学结构主要是指教材、教师、学生几个基本要素的组合方式及相互关系。从狭义角度来看，任何一种教学模式都是为实现特定的教学目标而设计，每种教学模式都有其应用范围，需要合适的外部条件才能有效运用。因此，对任何教学过程都合适的模式是不存在的，即没有普适性的模式，也谈不上哪种教学模式是最好的。什么是一个好的教学模式呢？评价一个教学模式的好坏关键是看在一定的情况下，是否达到了特定的教学目标。在实际教学中应该注意教学模式的适应面和指向性，在选择教学模式时应考虑课程的特性，要选择特点更加合适的教学模式。

（三）教学模式的可操作性

教学模式需要落实在具体的教育过程中，对教育者和受教育者而言都有一定的指导意义。因此，教学模式的设计必须具有可操作性。可操作性是指教学模式不能只是理论层面的教学思想，更应该是可以直接用于操作的、具体化的理论。可操作性强的教学模式，应该是对教学理论或活动模式中最关键的步骤进行了提炼，并通过简洁的方式进行表达，目的是避免过于抽象的理论，为教学行为提供一个非常具体的框架，并规定教育工作者的行为，使教师在教学中有章可循，便于教师的理解、掌握和运用。

（四）教学模式的完整性

教学模式不是单一的，是教学理论构想与教学现实相结合的统一。所以，它有一套完整的结构并且有相应配套的一系列运行要求，在理论上可以自圆其说，在过程上可以做到有始有终。

（五）教学模式的稳定性

教学模式的稳定性是大量教学实践活动的总结和理论概括，在某种意义上揭示了教学活动中具有的普遍规律。通常来讲，教学模式提供的程序对各种科目教学具有普遍的参考作用，一般不涉及具体的学科内容，有相对的稳定性。教学模式是基于一定的教学理论提出来的，而特定的教学理论和教学思想又是产生于特定的社会，与当时的社会政治、经济、文化、科学、教育的水平有关，并受制于当时教育方针和教育目标。由此得出，这种稳定性是相对的，只有维持了整体教育模式的稳定，才能更好地为整个社会输送人才，维护社会平稳发展。

（六）教学模式的灵活性

教学模式的灵活性是指教育模式的实施必须落实在具体的教学过程中，且不会针对某些特定的教学内容，不会必须贯彻某些思想或理论。应用教学模式的过程中，一方面需要对课程的特殊性、教学条件、教学内容、教师情况、学生的具体情况进行考虑，另一方面在微观层面上，也要适当调整方法，展现对学科特点的适应性。

二、教学模式的功能

（一）中介作用功能

教学模式的中介作用功能是指教学模式可以为各学科教学提供一定的理论支持和模式化的教学方法。这在理论与实践之间为教师架起了一座桥梁以改进教师仅凭已有经验在实践中摸索前进的不足。教学模式的中介作用来源于自身的实践，当然也离不开某些理论简化形式的特点。

一方面，长期的教学实践活动，以及对某种教学活动方式进行选择、加工、提炼和总结就形成了教学模式。教学模式为教学相关因素之间的关系提供了一个相对稳定的、有内在逻辑关系的、有理论依据和现实意义的运行操作框架。

另一方面，教学模式是对某种教学理论的简化，它可以通过一些简洁明了的表现形式，例如典型符号、精准图表、流程关系来表达它所依据的教学理论原理和基本特点，使抽象的理论在人们头脑中形成一个简单具体的、程序性的教学实施步骤。这对我们理解某一教学理论有很大的帮助作用，也是让形式抽象的理论体系在实践中得以发挥指导作用的中间环节，是在实践中运用教学理论指导教学的中介。

（二）描述组建功能

教学模式选择的是被实践证明的、行之有效的教学经验，并对其进行总结和简化，以此为基础形成一个相对稳定的活动程序和结构框架，用以描述教学过程中所涉及的各种因素及相互关系。教学模式是围绕某个特定的主题组建的，这就使得教学模式呈现出以下特点：强大的凝聚力和独特的个性。教学模式描述组建的理论是经过凝练和浓缩的，教学模式描述组建的实践有着很强的典型性和优效性。发挥教学模式的描述组建功能，可以使成功的教学经验得到加工和整理归纳，一方面可以使教学方式更加具有稳定性和结构性，另一方面也可以促进教学理论的概括层次和水平提升。部分优秀的教师可以借助教学模式的描述组建功能，对自身的教学能力和教学经验进行整理、加工、提炼成教学理论。

（三）咨询阐释功能

教学模式主要通过简洁的语言或符号图形来对教学理论的基础和基本特征进行阐述，是教学理论的一种简化形式。教师可以通过教学模式直观地、快速地掌握和理解其精神，完成为实践者提供咨询的任务。教学模式的咨询阐释功能对于教学理论的普及和传播有着重要的意义和作用。教学模式具有的咨询阐释功能使其成为教学理论的"解说员""宣传员"。随着教学模式的使用，其中蕴含的教学理论会被实践者接受，并且影响着、指导着实践者；实践者自觉接受教学理论的指导，避免出现教学实践的盲目性，增强教学实践的有效性。

（四）示范引导功能

教学模式为了将教学理论应用于实践，规范了一个比较完整、易操作的实施程序。青年教师应掌握一些常用的教学模式，这样在初次进行授课时可以信心满满。青年教师在教学模式的规范引导下，能够很快进入工作状态，独立进行教学工作，这样就可以缩短青年教师教学工作中摸索的时间和精力，提高效率。教学模式的示范引导功能主要目的就是提供一个基本的教学框架和模板，教师可以在此基础上进行创新，根据教学实际进行调整。教学模式的示范引导功能有着重要的作用和意义，可以帮助青年教师尽快实现自主的、独立的教学；可以对学校教学工作进行规范；可以建立正常的教学秩序等。

（五）系统改进功能

教师通过教学模式的应用，进行系统化的教学活动过程，形成一个优化的、整体的系统。新教学目标的实现，需要改进相应的活动程序、教学条件等因素，并且要求教师不断提高自身的能力和水平，以此来推动教学模式的转化，对落后的、僵化的模式进行取缔，实行更加完善、更加有效的新模式。教学模式系统改进功能的建立基础是教学整体观,这就要求用动态的、发展的、整体的眼光看待教学过程中模式的转化。发挥教学模式系统改进功能,可以带动一系列的改革,例如,课堂教学、教学评价、师生关系、教学管理等教学领域的改革。现代教学改革的侧重点不应该只是对具体方法的修修补补,更应该侧重于整体优化教学模式。

第三节 教学模式的结构

关于教学模式的概念,尽管人们界定不一,但在教学模式结构的认识上却基本趋同。即教学思想、教学目标、操作程序、师生组合、实现条件和评价等要素组成了教学模式。

一、教学思想或理论

只有在某一教学思想或理论的指导下,教学模式才可能被提出来并体现出各自的价值取向。某一具体流派的理论可以是教育理论,某种教育、教学思想也可以是教育理论。例如,根据行为主义心理学的理论提出了程序教学模式;根据社会主义、人道主义、民主化和发展性的教学思想提出了苏联的合作教育教学模式;以主体教育思想为指导,提出了我国的教学自学辅导模式。在长期教学实践中也可能会形成某种教学模式,而且,这种教学模式在初期也许还没有明确的理论依据和正确的指导思想,但是如果系统分析其教学经验,并进行总结和概括,总是会发现其中有一定的理论在起着指导作用。无论教学模式是从某种教学原理演绎出来的,还是从实际教学经验得出的,都有一个鲜明的理论指导贯穿其中,而且教学模式的其他构成因素也由其决定,相应的系列概念也随之产生。

二、教学目标

教学模式的内容指的是各个教学模式为了达到相应的教学目标,有自己的课程设置思路和主题设计方法,超出学科课程标准规定范围的教学内容并不是教学模式的内容。教学模式的目标在于完成教学目标规定的任务和要求。不同的教学模式有不同的核心目标,以能力、知识、态度等不同的侧重方面为核心,但是这不会实质性地影响学生的学习结果。例如,问题教学模式的目标是在一定问题情境下培养学生独立解决问题的能力；合作教学模式的目标是培养学生的独立人格、民主精神，培养学生敢于创新、勇于创新的能力；发现探究教学模式的目标是培养学生成为未来的研究者和创造者。任何教学模式都具有一定的目标，根据目标使主题具体化，这也是设计教学模式操作体系、设计教学模式程序的前提和基础。

三、教学程序

实现目标的步骤和过程就是教学模式的程序。任何教学模式都有自己独特的一套操作程序和步骤。例如，德国著名教育家赫尔巴特的教学模式强调知识的传授，明了、联想、系统和方法四个阶段是其操作程序；情景、问题、假设、推理和验证五个步骤是美国著名教育家杜威的实用主义教学模式的程序。教学程序来源于教学阶段，并根据教学内容的不同进行具体的设计，以便形成可以操作的步骤。教学过程中教师和学生分别承担的不同角色和任务也是由教学程序规定的。

四、师生组合

教学是一项由教师讲授和学生学习相互统一的活动。在教学活动中，教师和学生有着不同的地位，扮演不同的角色，发挥的作用也是不同的，从这个角度来看，不一样的教学模式，师生互动的方式也有所不同。例如，非指导性教学模式是美国心理学家罗杰斯的观点，在这个教学模式中，教师需要和学生进行自由、频繁的交流和接触，并且时刻关注学生的情感需求，为学生营造一种和谐、轻松的学习氛围和学习环境，以此达到促进学生学习的目的。在教师的不断推动下，学生会形成、体验和发现对自身发展有利的知识和经验。当前，有三种师生结合的方式：一是以教师为主体；二是以学生为主体；三是师生之间的互动。良好的师生组合可以展现出教师的主导作用和学生的主体作用。

五、实现条件

教学模式的条件是为完成一定的教学目标，以及教学模式发挥作用提供辅助支持。任何教学模式都存在特定的条件，只有具备了这些条件，教学模式才能发挥应有的作用。实现条件包含多方面的内容：对教师和学生的要求；对教学材料的要求；对教学媒体的要求；对教学时间和空间的要求等。例如，在对教材进行程序化编写的时候，程序化教学这种教学模式要求有逻辑的教学材料，并且为施教者配备必要的教学机器。

六、评价

教学模式中教学评价是一个非常重要的因素，包括评价方法和评价标准。根据教学模式的目标、程序和条件的不同，评价方法和标准也会有所不同，每一种教学模式都应规定相应的评价方法和标准。例如，罗杰斯非指导性教学模式的标准是实行学生自我评价，采用三种形式：一是诊断性评价，二是形成性评价，三是终结性评价，其中掌握教学模式的标准是形成性评价。

在相同的教学模式中，教学评价根据地位不同，产生的作用也就不同，也就有了不同的功能。彼此之间是互相联系又互相制约的关系，构建起完整的教学模式。理论的指导是教学模式建立的价值基础和依据，指导其他要素，起到导向作用。教学目标是教学模式的核心，制约着操作程序，在教学评价的标准中也包括师生组合与条件等。操作程序包括在教学模型实施的步骤与环节中。条件是教学模式的功能可以发挥的重要保证，评价就是教学中对目标的达成程度。可以通过评价对整个教学的过程进行监控和反馈，进而在教学活动中对教师施教程序进行适时调整，调节师生之间的活动，从而达到实现教学目标的任务。总之，每一种教学模式都包含了这些基本因素，而这些基本因素在每种具体教学模式中的内容也会因教学模式的不同而有差异。

第四节　教学模式的发展

一、20世纪50年代之前的教学模式

（一）教学模式的雏形

纵观古今中外的教育史，出现了许多伟大的教育思想家，他们立足于不同的角度研究教学，并且形成了自身的教学思想，将其运用到教学实践中，因而，形

成了独具特色的教学风格。他们对学习和教学的过程进行了逻辑顺序的探讨，如我国著名教育家孔子曾有关于学习过程的探索，即"学→思→习→行"；思孟学派的代表人物子思在《中庸》中曾经提出以下逻辑顺序，即"博学之，审问之，慎思之，明辨之，笃行之"；古希腊著名教育思想家苏格拉底提出了教学实践中的"助产术"等。

从今天的角度来看，这些观点都有科学性，有些至今都还在实践中应用。然而，从教学模式的思想角度去理解，这些观点没有明确的、清晰的教学目标和可操作性的操作策略，并没有形成完整的教学模式。故而，这个时期只是教学模式的雏形阶段、萌芽阶段。

（二）夸美纽斯的教学模式

17世纪，学校教育获得迅速发展，在教学上的具体表现：一是教学内容不断扩大，教学质量不断提高，特别是自然科学知识的增长较快；二是教学对象的扩大和班级授课制的建立，为大量青少年进入学校提供了机会；三是观察、实验等直观的教学方法的出现，使得教育工作者更深入、更广泛地研究教学活动，对教学活动的内在规律进行分析，逐步形成系统的教学思想。捷克著名教育家约翰·阿摩司·夸美纽斯，在代表作品《大教学论》中对自己的教学思想和教学模式进行了系统的论述，并提出了可以看作教育史上第一个相对成型的教学模式。

1. 操作程序

夸美纽斯的教育思想和教学目标是"把一切事物交给一切人类的全部艺术"，为此，针对人的自然本性、个体的差异、儿童的身心发展特点，他进行了大量的观察和分析，对教学活动的规律进行了积极的探讨。夸美纽斯崇尚自然，他认为人是自然的一部分，因此应该服从自然。在他的观点中，将自然界事物发展与教学进行类比，进而得出了以自然为借鉴来开展教学活动的结论，并提出了开展教学活动的主要依据以及创建新学校的主要原则是"教育适应自然"。根据夸美纽斯提出的教学逻辑步骤，操作程序可以总结为"感知→理解→记忆→判断"。

（1）感知。感知是获取知识的第一步，即利用感觉器官去观察教学的对象。

（2）理解。是学生在对事物有了基本的感知以后，由特殊到普遍、由具体到抽象的认识和理解。

（3）记忆。是通过反复的复习和实践来实现的。但不是所有的事情都需要被记住，将最重要的事情记住，对于其他的，只要抓住大意，做到领会即可。

（4）判断。是对所学知识的初步应用。学生为了区分事物之间的联系和区别，加深对知识的理解和巩固，需要准确地判断各种事物。

2. 模式操作的主要策略

（1）直观教学。尽可能使用实物进行直观的教学。夸美纽斯强调：所有看得见的东西都必须放在视官面前；能听到的一切都应该放在听官面前；气味应置于嗅官的面前；可以品尝的东西和摸得到的东西应分别置于味官和触官的面前。如果某件物品能同时引起多种感官的注意，那么它就应该接触相应的多种感官；如果在教学中没有真实的物体，可以用图像或者模型等直观的教具来代替。

（2）激发学生的学习积极性。教师应尽力激发学生的学习意识、学习主动性以及学习的自觉性。作为教师不能责怪学生不愿学习，相反，教师应该利用一切可以利用的手段，如劝说、奖励、表扬和改进教学方法来激发学生的求知欲。

（3）加强复习和练习。彻底牢固地掌握知识的途径就是复习和反复的练习。

（4）循序渐进的教学。要以儿童的年龄、理解能力、心理特点为依据，教学要做到由简到繁、由易到难、由近及远。

夸美纽斯的教育思想是对新兴资产阶级的利益和要求的反映，但是由于夸美纽斯生活在封建社会刚刚解体，资本主义制度还没有形成的时期，此时的欧洲资本主义力量还很弱小，夸美纽斯的教育思想和教育模式因此受到时代的局限，将近两个世纪没有产生重大影响，几乎被遗忘。直到19世纪中叶，人们才再次关注夸美纽斯的教育思想，其提出的教学模式的发展也出现了新的局面。

（三）赫尔巴特教学模式

1. 基于心理学创建教学模式

19世纪以来，心理学开始进入教育研究领域，并且成为教育研究的重要基础，这是教育发展呈现出的最明显的特点。在德国，赫尔巴特试图建立一套基于科学心理学的、系统的教学理论。他成为第一位基于心理学理论揭示教学过程规律并在此基础上创建教学模式的教育家。

赫尔巴特认为，为了有效地将知识传授给学生，必须按照儿童的心理活动规则组织教育教学。学生的学习过程与人类的心理过程相似，即是"统觉"的过程，是新体验与已经形成的旧经验相结合的一个过程。新的经验只有在与已经存在"统觉"的旧经验相联系时，才能让学生真正地理解与吸收。因此，教师要选择合适的教学内容，进行有序的组织教学。

2. 赫尔巴特教学模式的操作程序

赫尔巴特提出了"明了→联合→系统→方法"的操作程序，力图为教师提供一种在任何条件下都能广泛使用的教学范型。

（1）明了。教师分解教学内容，变成各个组成部分，尽可能简洁明了地讲课，让学生对新知识能够有一个明确的、清晰的认识。在教学方法上，可以采用讲解、举例、示范等多种方法。对于这一阶段的学生，教师要尽量激发学生学习兴趣，引导他们把注意力集中在学习内容上。

（2）联合。将原有观念与"明了"阶段获得的观念结合起来，以旧观念为基础，过渡到新观念。学生在新旧观念结合的过程中，对学习的结果有充分的了解。因此，教师在这个过程中可以主要采用分析教学，此阶段，教师要让学生的注意力得到保持，并且鼓励学生进行积极的思考。

（3）系统。在新旧观念相结合的基础上，学生可以得到准确的定义和结论（新观念）。此时教师需要在教学方法上采用综合法，这样才能使分解成各个部分的教学内容组成一个整体，形成一个系统。

（4）方法。学生对系统的知识进行掌握，可以融会贯通地运用，教师可以鼓励学生去独立完成各种练习，并根据要求自行修改作业，进行练习。

通过上述步骤，赫尔巴特希望学生可以达到他提出的德行、知识和兴趣这三个教学目标。

3. 教学模式的操作策略

为了达到教学目标，即"德行、知识和兴趣"，教学模式的操作策略如下：

（1）培养学生的兴趣。牢固掌握和扩展知识的基础是激发学生的兴趣，兴趣可以分为两种，即直接兴趣和间接兴趣，其中直接兴趣更为重要，因为可以感受到和体验到。

（2）教学应具有教育性。为了达到道德的最高目的，他提出了要将知识传授的过程与德育过程二者进行有机结合，提出了"教育性的教学"概念。

（3）多种教学方法同时运用。赫尔巴特提出了三种主要的教学方法：一是叙述教学法，即教师可以采用形象的、生动的叙述方法对学生的经验进行补充，帮助学生扩大知识的范围；二是分析教学法，即学生在教师的指导下对获取到的混乱的、没有条理性的知识观念进行梳理和改进；三是综合教学法，即对于叙述和分析过的教材，教师要进行系统的概括，将知识融合为一个系统的整体，使学生可以形成完整的、系统的知识体系。

赫尔巴特的教学模式强调对学生进行系统知识的有序传授，在当时和现在都有积极的意义。他试图立足于科学心理学，在此基础上分解教学过程，由此产生的"明了→联想→系统→方法"的程序基本上与人类的一般认知规律相符合。

后来，赫尔巴特的弟子莱因进一步将"明了"分解成为"预备、提示"，并且将"系统、方法"更改为"总结、运用"，形成五段程序，即"预备→提示→联想→总结→应用"。这五段程序成为第一次世界大战后很长时期内的课堂教学经典程序。

4. 赫尔巴特教学模式的不足

（1）尽管赫尔巴特强调了在教学中兴趣的地位和作用，但从他的整个理论来看，他认为观念的获得是一个被动的过程，因而并没有重视对学生的主动学习、学生个性养成和学习能力的培养。

（2）赫尔巴特认为操作程序是唯一的，对教学活动的复杂性没有充分认识。

（3）从程序内部来看，学习是从书本到书本，这必然使学习内容与学生的实际情况脱节。因为这个原因，赫尔巴特的教学模式在20世纪初世界各国的政治经济和科学文化发生变化的时候受到了严峻的挑战。

（四）杜威的教学模式

1. 杜威的教学理论

杜威把孩子比作太阳，并且认为一切教育措施都应该围绕这个中心实行。他的教学目标并非是为了将来的生活做准备，而是为了解决当前的实际问题，让学生学会一些实际的手段来适应社会和环境，培养学生的创造性思维能力是核心。他认为直接接受前人的经验不应该是学生学习的内容，学生学习的主要内容应该是学习、组织、转化、改造自己的经验。教学程序主要是通过学生的"做"和学生的一系列探索性活动，并在这个过程中进行创造和积累经验。

2. 教学模式操作程序

"真实情境→产生问题→占有资料→解决方法→检验想法"是杜威教学模式的操作流程。

（1）真实情境。教师为学生营造的真实的、逼真的生活情境，可以是学校以外出现的情境，也可以是让人产生兴趣并从事的一些日常生活活动的情境。总而言之，情景必须尽可能真实，与生活贴近，模拟尽量还原社会。

（2）产生问题。在情境中，鼓励学生积极提出困难，并把学生放在自己想解决问题的情境中。

（3）占有资料。教师为学生提供解决问题的信息和资料。必要时，可采用直观教学法对问题进行直接观察。

（4）解决办法。学生针对问题，提出解决方案，在已有数据的基础上大胆地进行猜想、推论和假设。

（5）检验想法。根据确定的方案，验证解决问题的思路、想法、方法，检验是否有效。

在对上述程序进行操作时，必须正确处理好师生关系，才能使探索过程和谐自然。让学生通过自己的活动主动学习，教师需要充分调动学生的探索欲望和求知欲望。教师不能代替学生完成相应的活动，需要与学生共同参与。无论是教师还是学生，如果意识到自己在教或被教，那么这种情况就越少越好。

3. 杜威教学模式的局限性

教学内容与儿童的生活实际相联系是杜威的教学模式要求。以孩子感兴趣的问题为着手点，可以培养孩子解决问题的能力。学生在愉快的活动中不断积累经验，学习兴趣和学习的积极性也会提高。但是，他所采用的"探究式"学习适应面是有限的，"探究式"学习模式不能完全取代其他的教学模式。他要求学生以学习直接经验为主，这与现代学校教育对教学的要求不符合，必然会导致学生所学知识缺乏系统性。

以上是20世纪50年代以前世界上主要教学模式的发展历程和情况，从中可以看出以下四点：

（1）模式的应用范围主要是围绕课堂教学展开。

（2）每种模式的目标不是强调知识的传授，就是能力的培养。

（3）就教师所扮演的角色而言，一种是教师处于绝对的权威地位，对教学内容和教学进度进行控制，另一种是教师充当顾问的角色，只帮助学生学习，起到辅助作用。

（4）教学模式具有单一性，特别是19世纪末至20世纪50年代，先是以赫尔巴特教学模式为主，后来是杜威的教学模式占主导地位。

但是，20世纪50年代以来，教学理论和实践十分活跃，涌现了大量的、全新的教学模式。

二、20世纪50年代之后的教学模式

从哲学认识论来看，教学过程中的师生是一对主客体关系，其中认识活动、实践活动和有目的的承担者是主体；认识活动和实践活动指向的对象为客体，是主体要认识和改造的事物。主客体在教学中的地位和作用，一直是教育界争论的对象。目前，国内学术界对高校教学模式的相关研究成果比较丰富，涉及二十几种各具特色的教学模式。如果根据主体和客体、主导性和主体性关系的不同作用，大致可以概括为三种教学模式："主体—客体"模式、"主体间性"模式和"主导性—主体性"模式。

1."主体—客体"模式

我国高校的教学实践活动在20世纪70年代中期至90年代中期，主要采用的是以教师为"中心"的教学结构，依此进行组织教学。在这种模式下，教师需要确定和安排学习的内容，对学习进度进行安排和把握，教学设计侧重点在于知识点之间的线性设计。教学中使用的主要教学媒体是黑板、粉笔、纸质教材，同时也会有视听媒体，例如录音机、磁带、幻灯机等。但是，可以使用的资料很少，主要是半导体收音机。此时，教学的基本要素为三个：一是教师，二是学生，三是教材。在教学评价上，主要是以终结性评价为主，强调学生对所学知识的掌握和记忆。

以教师为中心的课堂教学模式主要表现为以下两种形式：

首先，听说式。这种形式的核心是把听力和口语放在第一位。先用耳朵听，然后用嘴说，在经过反复的口语练习之后，可以对教师提供的句型熟练地脱口而出。但是，这没有体现出学习者认知能力在学习中的重要意义和作用。机械的练

习不利于学生在实际生活中对所学的知识进行运用。

其次，答疑式。教师对学生提出的问题进行分类，详细讲解学生在课堂上提出的典型问题。对于非普遍性问题，教师可以对学生进行个别辅导。这种教学模式在一定程度上侧重学生共性和个性的问题，可以充分体现因人施教的教学原则。

2. "主体间性"模式

随着信息技术的不断革命和发展，围绕教师中心、教材中心、课堂中心以及注重知识传授的"主体—客体"教学模式越来越难以适应受教育对象的实际需求，弊端凸显，"主体间性"教学模式逐渐获得青睐。20世纪90年代，我国哲学界率先开始"主体间性"问题的研究，"主体间性"在研究"主体—客体"教学模式弊端的过程中逐渐获得了关注。教育界在2000年左右将"主体间性"作为教学改革热点问题进行研究并广泛实施。"主体间性"不是对"主体—客体"教育模式的否定，而是在继承基础上的创新，是基于注重人格尊严平等的教师主体与学生主体之间，在教学中进行积极对话、教学角色转变以及生活交往。这类模式认为学生是认识活动的承担者和主体，认识活动所指的对象是教材，教材是客体，而教师在教学过程中则作为辅助者，因此，由之前的"教师中心论"转向了"学生中心论"。相关教学模式有：提升"说服力、吸引力、感染力"等教学模式、"服务学习"教学模式、"五维一体"教学模式等。此外，通过实施"翻转课堂"以及"慕课"等网络课堂提升了学生的主体参与的热情，有效弥补了"主体—客体"单向教学模式的不足。

3. "主导性—主体性"教学模式

以计算机和网络为特征的信息技术，在进入21世纪后得到迅猛发展，国家相关的教育部门在高校教学中大力推广和运用现代信息技术。教育部倡导基于计算机和课堂的教学模式，主要目的在于解决高校扩招带来的教育资源严重短缺的问题。但是，要想实现大学教学改革的目标，不能只把计算机当作辅助工具。因此，大学课程需要与以计算机网络为特征的信息技术进行全面的整合与融合，不断走向成熟。

《课程要求》是2007年教育部颁布的，其中指出：各高等学校应充分利用现代信息技术，采用计算机和课堂的教学模式，改进以教师讲授为主的单一教学模式。新的教学模式应以现代信息技术，特别是网络技术为支撑，使教与学可以在一定程度上不受时间和地点的限制，朝着个性化和自主学习的方向发展。新的教学模式应体现教学实用性、知识性和趣味性相结合的原则，有利于调动教师与学生两个方面的积极性，尤其要体现学生在教学过程中的主体地位和教师在教学过程中的主导作用。在此之后，我国的大学教学模式在实施和推广信息技术环境下进入以教师为主导、学生为主体的阶段。

这一阶段的教学模式以学生为中心，学生从之前的外部刺激的被动接受者和知识灌输的对象，开始转变为主动参与、发现、加工信息的主体和知识建构者。教师不再是"权威"，而是逐渐转变为教学活动的指导者、设计者、帮助者、合作者。在整个教学活动中，师生之间存在着平等友好的关系。教学的基本要素：一是教师，二是学生，三是教学媒体，四是教材。学生主动建构意义的对象是教材，教学媒体在其中充当创设情境、进行合作协商探索的认知工具。教学设计中要充分利用网络化、数字化、智能化、多媒体化、信息化等信息技术，以便为学生营造良好的学习环境。同时，随着在线即时通信技术的进步和发展，可以实现在线实时远程交互。这个阶段教学媒体最大的优势就是网络性和交互性，学生一方面可以在课后的任何时间与教师进行互动，另一方面还可以与其他学习者进行互动。

此外，网络还为大学生提供了符合实际、符合社会的新学习资源，专题学习网站和多媒体网络课程更为学生提供了系统化设计的综合学习资源。

计算机辅助语言教学在中国国内还属于新兴的发展阶段，有许多领域并不成熟，还需要广大学者、研究者的进一步努力才能使这个学科更繁荣。

可以说，现阶段我国广大教育工作者已经进入了深层次的探讨时期，对信息技术与大学课程进行整合，促进了教学质量的提高。尽管如此，现阶段的教学实践中也有需要进一步考虑的地方：一是学生的信息素养较弱。在信息技术教学环境下，学生被各种信息浪潮和信息媒体包围，但学生运用信息技术工具来对信息获取和分析信息的能力并不高。二是新的教学模式与传统教学管理体制出现了失衡。大学外语教学模式以教师为主导、以学生为中心，并且强调信息技术与面授教学相结合。但是，学校的教学理念、方式、手段、评估等在内的教学系统比较传统，教师为此感到很困惑，因此，教学变体模式也比较多。尽管这些教学模式都有一定的优点，但以教师为中心的课堂教学模式没有改变。

综上所述，我国高校教学模式的研究紧跟时代和国际的步伐，呈现出多角度繁荣发展的态势。当然，不管采用哪种教学模式，激发学生浓厚的学习兴趣和动机，并且营造良好的外语学习环境、提供丰富的语言学习资源都应该是最基本的目标。要注重培养和完善学生的学习策略，帮助学生树立"在做中学"的学习理念，善于解决学习中的困难。

二、教学模式发展的未来展望

未来教学模式的发展趋势至少有以下五个方面：

第一，教学与信息技术向一体化融合的方向发展，开创新的现代教学模式。未来教学模式发展创新的重要动力就是现代信息技术，现代信息技术的发展进步也是教学模式创新发展的重要机遇。教学模式创新发展需要多个主体参与其中，不仅有教育技术专家，还需要有课程论研究者、教学论研究者、一线教育工作者等，只有这样才能发挥各自的优势和特长，取长补短，在相互合作中创造新的教学模式。目前，课程理论和教学理论的研究人员逐渐关注在现代信息技术环境下的课程和教学理论研究，提出了一些非常创新的想法，如构建电子教科书、云课程理论、教学的合理技术化等。对于技术，很多一线的教育工作者也逐渐重视起来，对一些教学问题也从技术角度积极寻求解决方法，例如学生综合素质评价、学校课程的管理、走班制的管理与实施等。

对于教学模式与现代信息技术融合的研究，有学者提出了以下三个方面：一是如何利用信息技术改变和创新教学模式。这是在信息技术发展运用的基础上，教育技术专家对于教学模式问题的关注，是"信息技术→教学模式"的整合。二是如何在教学模式中开发和利用信息技术，这个问题是教学论研究者依托教学模式变革与发展的立场所关注的重点问题，是"教学模式→信息技术"的整合。三是在教学模式与信息技术双向互动的基础上，如何实现二者的统一和整合。这需要教学论研究者以及教育技术专家进行合作研究，主要目的在于对二者进行双向的整合，实现更高层面的整合。这三个方向的概括是比较准确的，值得参考。

第二，进一步拓宽理论来源，吸纳多领域最新研究成果。教学模式未来的发展一定会吸纳更多的新理论和新研究成果，也只有如此，教学模式的发展才能适应时代的要求以及未来的需要。因此，我们应该积极学习多领域的新理论和新研究成果，将它们联系到教学模式的研究和建构中，运用到教学模式的发展和实践中。例如，脑科学、大数据、云计算、人工智能、虚拟现实、生命科学、深度学习理论、全息技术、意识科学等。这些领域的知识理论，将为建构未来的教学模式提供极具前沿性和预见性的启示。例如，人工智能中的专家系统、图像识别、智能控制、智能搜索、模式识别、存储与管理等，在将来都可以运用到教学模式的建构和实践中。又如大数据技术，将大数据的分析能力、预测能力、大规模管理能力、精准服务能力等运用到未来教学模式的建构中，将大大提升教学模式的效能和针对性。我们期待教学模式的未来和未来的教学模式，为此，教学模式的研究应广泛而深入地开拓新的知识领域。

第三，更关注和研究教师及教师的实践，获得更多的支持和空间。教师是教学模式重要的主体。因此，我们需要关注教师的需求、问题、能力，为他们提供多方面的帮助和支持。一是应该研究如何使教师的创造能力得到有效的发挥，为教师创造更多的空间，鼓励他们创造自身的教学模式；二是对于教师更好地灵活运用具体的教学模式，我们需要给予支持和帮助；三是需要对在教学模式中如何充分地发挥教师的作用进行研究；四是需要研究教学模式与教师之间的理论关系。总而言之，需要对教师加强关注和支持，这也是未来教学模式研究与发展的重要方向和目标，同时这是对教学模式实践的质量、教学效果以及教学模式创新的一种重要而切实的保证。

第四，将进一步实现实践和理论的相互转化，实现理论者与实践者之间的深度联合。人们都承认教学模式是实现教学理论与实践之间的"桥梁"，但如何发挥好这个桥梁作用是一直未能很好解决的问题。所以，未来的重要任务之一，是加强教学模式的实践探索与理论研究之间的沟通，真正使"教学模式"成为教学理论与实践之间的"桥梁"。李吉林老师的"情境教学模式"是一个比较好的教学模式创新案例，既有实践模式的建构，又有新理论的提升；"先学后教"模式的研究和实践是值得参考的。促进理论和实践之间相互转化，主要有三条路径：一是理论研究者对实践中的教学模式进行研究，用教学论的理论概念和框架进行分析解释，提炼新的教学论命题和理论，或用教学模式的实践支持、验证、丰富教学论的已有理论；二是理论研究者主动将教学理论付诸实践，通过开展教学实验或参与教学改革，运用教学理论去创造或创新教学模式，同时可以进一步将相关教学理论具体化；三是理论研究者与教育实践者之间的相互合作，使理论助益实践能力的提升，使实践促进理论的提炼，促进教学模式理论与实践之间的沟通与转化。

第五，教学模式的发展将有许多创新，会呈现出多元一体的新局面。当前，我国的教育教学现状是很复杂的，日新月异的社会领域无疑将在未来产生许多新的机遇和挑战。所以，我们不仅要保持具有稳定性和继承性的教学模式，还要鼓励教学模式朝着多元化、创新性方向发展，只有这样才能满足当前我国对教育教学实践的现实诉求，并且可以提高适应未来的教学水平。

教学模式多样化创造的实现，需要不同国家、不同目标、不同类型、不同地域的教学模式之间进行沟通和广泛交流，在平等的前提下进行开放的对话、包容的对话、创造性的对话。

首先，东西方教学模式之间的对话。东西方教学模式各有利弊，我们应该进行平等对话，尤其要有模式信心，站在我们教学模式发展和实践的实际中，对我国教学模式不断进行完善和创造，对西方的优秀经验进行学习和吸收。其次，中国不同教学模式之间的对话。每种教学模式都有自己独特的、特定的功能目标和实际优点，当然也会有缺点。不应该偏袒任何一方，偏袒现在胜过过去，偏袒自我胜过他人。相反，应该进行开放包容的对话，在彼此的对话中，对各自模式进行改进和发展，在交流中不断激发新的、有活力的教学模式。最后，教学模式的理论与实践之间的对话。实践界不应该忽视理论界，理论界不应该闭门造车，应该及时将理论应用于实践。只有通过理论界与实践界、理论界内部、实践界内部平等公开的对话，才能提高教学模式发展的合理性、科学性、前瞻性以及进步性，才能促进教学模式理论朝着深层次、具体化方向发展，有利于教学模式实践的科学和长远发展。

进行沟通对话，可以促进教学模式之间的融合，可以促进教学模式的联合与综合，最终目的是建立起立体化、多样化的"教学模式群落"，形成动态的、有活力的教学模式生态系统。这是理想的教学模式，在这样的生态系统中，可以为适应未来更加复杂的教学实践做准备，更好地应对未来的挑战和机遇。

第二章 "互联网+教育"创新实践与发展

　　伴随着互联网信息技术的快速发展,"互联网+"深入社会各个行业领域,"互联网+教育"也应运而生,这为我国高校外语教学模式的改革打开了新局面,本章主要从"互联网+教育"的创新本质、"互联网+教育"的机制两方面进行深入分析。

第一节 "互联网+教育"创新本质

一、"互联网+"概述

（一）"互联网+"的背景

2008年IBM提出"智慧地球"概念，自此以后，互联网、大数据云计算、移动宽带等新一代信息技术获得迅速发展，并且进入信息化建设领域。这促进了众多新兴产业的出现并快速发展，通过信息技术与传统产业的融合对产业升级和转型起到了很大的促进作用，改变和影响了人类生产生活方式。

传统产业的核心价值观也在智能化、绿色化、服务化、协同化等一系列新的生产方式变革的影响下发生着变化；新型模式，比如创客、透明供应链、个性化定制、生产消费者等形成了新的竞争优势，并且组成了互联网经济体，对产业价值链体系的重构起到了重要作用。

面对新一轮经济体制改革带来的前所未有的机遇和挑战，发达国家积极改革信息技术、创新应用模式，制定了相应的战略，实施了一系列计划，在新兴领域，不断加强前瞻性布局，最大程度发挥信息化优势，提前抢占制高点。例如，《信息经济战略2013》是英国政府发布的信息经济战略，《先进制造业伙伴计划》《网络空间国际战略》是美国政府出台的战略计划。

据统计，我国网民约8.02亿，手机网民7.88亿。随着信息通信技术的不断发展，互联网、智能手机、智能芯片广泛应用于人群、企业、物体之中，为下一阶段的"互联网+"奠定了坚实的基础。在未来，不断深化的新一轮信息化改革和产业改革会产生巨大的影响，彼时，行业之间跨界融合将成为常态，新产业、新技术、新应用模式会不断出现并获得发展。

近年来，我国经济建设一直保持良好的发展态势，因此，我们必须抓住机遇，积极谋划，充分利用和发挥现有的条件和优势，不断促进以物联网、互联网为载体的信息经济发展，促进中国社会经济的升级。蓬勃发展的以互联网为代表的新一代信息技术加速了各个行业的融合发展，形成了跨界的相互渗透形式。当前我国经济社会的发展进入了新常态，为了谋求新发展，要对新常态积极适应，不断创新发展理念、发展方式、发展路径，以工业化和信息化融合为抓手，建设现代化强国。

（二）"互联网+"的发展与内涵

"互联网+"的行动计划在2015年政府工作报告中首次提出。在政府工作报告中，明确提出制定"互联网+"行动计划，目的是深入融合云计算、互联网和现代制造业，促进互联网金融、电子商务等领域的快速健康发展，重点引导和鼓励互联网企业深入探索国际市场。2015年7月，国务院发布了《关于积极推进"互联网+"行动的指导意见》。这不仅表明了中国政府对相关行业的一种积极态度，而且反映了"互联网+"的快速发展。"互联网+"已经成为一种新的经济形式，影响着人们的生产和生活方式。

"互联网+"的概念是由于扬先生（易观国际董事长兼首席执行官）在"2012年第五届移动互联网博览会"上提出的，他指出：在未来，"互联网+"公式应该是我们所在的行业目前的产品和服务，在我们未来看到的多屏全网跨平台用户场景结合之后产生的这样一种化学公式。这个理念的普及主要得益于2015年的政府工作报告，这一举动，直接将"互联网+"提升到了国家战略层面。

"互联网+"的演进过程，大体上可以分为四个阶段。

第一阶段，前"互联网+"阶段。这一阶段可以分为两部分，其中一部分为"IT+企业"，即企业的信息化发展；另一部分为互联网，即纯粹的互联网企业的兴起。在前"互联网+"这阶段中，企业的信息化与纯粹的互联网企业之间，彼此都是相对独立的存在，并未发生任何的化学反应。

第二阶段，"互联网+企业阶段"。"互联网+企业"指的是通过重构企业内部的各个价值链，达到提高企业内部运营效果的目的。可以分别从企业内部及企业外部两个角度来看待这阶段：从企业内部来看，主要是对企业内部的七大价值点和各个部门进行改造。这七大价值点包括营销、渠道、产品、战略、资本、IT和组织，它们分别与企业内部的营销部门、销售部门、产品研发部门、HR部门、财务、投资部门和IT部门相对应。从企业外部来看，更多的是企业对客户与市场的相关举动，包括卖货、聚粉、建平台等。光卖货可能有瓶颈，而聚粉则重新定义了企业跟消费者之间的关系，对那些有实力又资源丰富的企业而言，就有搭建平台来促进商业模式创新的可能。

第三阶段，"互联网＋产业"阶段。在这个阶段，不仅有消费品的批发与分销，还有各行业、各领域生产资料的互联网化或工业品的互联网化，相对于"互联网＋企业"，其规模将超过十倍。本质上来说，这里的"互联网＋产业"，就是通过改造产业价值链，改造整个行业的上下游企业，加强配合与协同合作，以此提高企业的效率和生产效益。

第四阶段，"互联网＋智慧"阶段。"互联网＋智慧"的主要内容是指不管是企业内部的价值链，还是企业的信息化，不管是产业内所有企业的数据、企业信息还是企业人员，都被物联网化、数字化，每个企业或者个人都可以通过云计算、大数据等对商业决策进行优化。从这个角度来看，"互联网＋智慧"确实是提高了人们智慧的人工智能。

所谓"互联网＋"，是创新2.0下互联网发展的新业态和新形态，是经济社会在知识社会创新2.0推动下发展的新形态。"互联网＋"是一种新的经济形态，即充分发挥互联网在生产要素配置中的整合优化作用，深度融合各行业与互联网的创新成果，形成化学反应、放大效应，对实体经济的生产力和创新力的提升有很好的促进作用，形成以互联网为基础设施和实现工具的更为广阔的经济发展新常态。

"互联网＋"包含的互联网，指的是以人工智能、大数据及云计算为代表的一种新一代信息技术，而"＋"后面接的是传统行业。仔细考量可以发现，基本上每个互联网企业都可以称得上是"互联网＋企业"，例如，QQ是"互联网＋通信"，小米是"互联网＋制造业"，淘宝是"互联网＋零售"，余额宝是"互联网＋投资"等，其中最重要的应该是如何"＋"。"＋"不是这两个行业进行简单相加，而是以互联网的实际发展水平和传统行业的发展现状为基础，两者取长补短，进而实现高效的、全方位的结合。所以，"互联网＋"的含义应该至少包括以下三个方面：第一，建立连接。寻找在传统行业中能实现互联网的那一部分，然后将两者有机地连接起来，构建相互之间协同合作的通道。第二，取长补短。传统行业与互联网不存在主次之分，双方是互相协作的关系，首先得分清楚两者的优势与劣势，然后扬长避短，互相学习和借鉴，进而探索科学有效的共同发展模式。第三，深度融合。是在传统行业和互联网行业之间，实现全方位深度合作，探索建立科学的共同发展模式,进而推动行业的全面发展。例如,在传统行业中的生产、管理、用户服务等方面,都能借助互联网来做出调整与优化。为了能对行业内规律有更为透彻、全面的认识,必须主动融入互联网理念,在充分考虑与了解客户的需求之后,准确把握自身的战略定位,来维持用户黏度,提升用户体验。

"互联网+"主要包括六大特征。第一,跨界融合。所谓"+"是指跨界、优化整合、改革创新。在这样的背景下,创新有了更加坚固的基础,只有通过协调和整合才能实现群体的智能化,才能有更加便捷的研发到生产的路径。第二,创新驱动。粗放型发展是传统的经济发展模式,其驱动力是资源,但是这种发展模式很难适应社会经济的发展,因此需要进行适时的改革和创新。互联网的发展为改革传统经济发展模式提供了机遇和思路,有效发挥创新的力量需要运用互联网思维进行创新。第三,重塑结构。互联网的高速发展深深地影响着社会和经济的发展,改变了它们原有的结构,同时产生了权力和话语权的变化。社会治理借助互联网进入了实践状态,促进了社会治理的效率和效果的提高。第四,尊重人性。社会进步和经济建设的基本力量就是人性。互联网的力量源于两点,一是对人性的尊重,二是对人的创造力的重视。第五,开放生态。生态为"互联网+"重要的特征,对生态来说,它本身是开放的。要实现"互联网+"必须解决制约生态发展的因素,其中之一就是解决制约创新的因素,连接孤岛式创新。第六,连接一切。虽然联系有层次,但有一定的区别;虽然连接的价值有很大的差异,但连接一切才是"互联网+"的目标。

我们必须认清一个事实,互联网不是万能的。不管是互联网公司,还是传统企业和产业,都应当谨慎认真地对待"互联网+"传统企业,要避免在浩荡的发展大潮中盲目地追捧、蜂拥而上。必须冷静下来,仔细考虑自己的实际需求,了解双方的优势与劣势,不冒进,保持线上线下的协调发展,更好地进行"互联网+"传统行业升级。

二、"互联网+教育"的概念及特征

(一)"互联网+教育"的概念界定

教育部指出:"互联网+教育"推进了互联网及衍生的相关技术与教育深度融

合，实现对教育的变革，创造教育新业态。"互联网+教育"是对教育各个要素的全面重构，其核心在于构建未来教育新生态。目前，"互联网+教育"的概念还没有统一，不同学者见仁见智。有学者认为，"互联网+教育"是指在教育领域，互联网技术的深度介入。还有学者认为，"互联网+教育"就是网络化、自主化、可视化、数字化、个性化的教育；教育资源随处可见，学生可以随时随地获取教育资源；教与学的模式发生了巨大的变化，主流是泛在学习和互动学习。也有学者认为，"互联网+教育"是一种新的教育形态，对"互联网+教育"的本质有着深刻反映。"互联网+教育"不仅在教育上应用互联网和移动互联网技术，也不仅仅是利用互联网的技术搭建各种教育平台和学习平台，更重要的是教育与互联网、移动互联的深度融合。"互联网+教育"是将教育通过信息网络技术注入互联网基因，对人才培养目的、过程和评估在内的全过程进行变革。

总而言之，研究者将"互联网+教育"的内涵概括为以下三点：首先，互联网技术。人类社会进入信息社会的标志就是广泛应用互联网技术。不同的人对互联网技术有不同的看法，互联网的技术构成总结起来包括以下三个部分：一是传感技术，二是通信技术，三是计算机技术。这些技术为传统教育带来了改变和新的发展机遇。其次，以教育为核心。"教育+互联网"与"互联网+教育"是两个完全不同的概念，前者侧重点在互联网，后者的侧重点在教育。最后，本质在于分解与重构。"+"并不是简单的物理相加，而是一种化学变化。互联网可以比喻成一个化学容器，把原有的一切分解成元素，然后围绕互联网重新组装，形成一个新的架构体系。

（二）"互联网+教育"的特征

"互联网+教育"作为一种新型教育形态具有以下五个特征：

1. 跨界连接

"互联网+"中的"+"所传达的是一种跨界，是从这里到那里的一种连接，新的形态在跨界连接的基础上产生。在教育领域，互联网"+"之后的内容可以说是万能的，大到"+"教育，小到"+"德育、课堂、教学、课程、管理等。每种"+"都是跨界连接的体现，是对原有教育水平的提升和质的飞跃。例如"互联网+教学"，通过人工智能和人机交互模式等，实现师生从线上分离到线上互动融合的一个过程。

2. 创新驱动

"互联网+教育"体现了互联网思维，创新了教育的整体和部分，实现教育质的变化，进而实现质的飞跃。第一，发挥和强化技术对教育创新的支撑作用。第二，推动发展教育创客空间。对网络开放创新的优势进行充分的利用和发挥，集聚网络技术资源，打造各类教育教学大众创业空间，为学生提供创新学习的平台空间以及创业实验的平台。第三，形成开放共享创新。互联网技术的发展为创新开放共享提供了可能性和便利性。

3. 优化关系

"互联网+教育"对原有的关系结构进行了突破，并且进行了优化重组，从根本上改变了师生关系，改变了传统的组织与合作的内涵，同时模糊了现实世界与虚拟世界的界限；让使用者有学习的选择权，广泛共享，实现信息交换与交流；使人与人之间的角色关系交换和转变，真正融合公共智慧，开展创新创业。

4. 扩大开放

"互联网+教育"使教育走出了校门，连接世界，在一定程度上真正实现了开放共享。其中，可汗学院是典型的例子，可汗学院的网络视频课程受到了广泛关注，翻转课堂也应运而生。

5. 更具生态性

教育的生态是多元的、进化的、自然的、多样的。"互联网+教育"更加突出了教育的以上特点，且具有可操作性。因为技术的进步，可以做到全方位地关注每一位学生，为每个学生提供符合需求的、形式多样的学习内容。与此同时，教师和学生的角色在这个过程中发生了巨大的变化。"互联网+教育"能充分体现出教师主导与学生主体之间的关系，具有个性化和适应性的学习方式，学习不受任何时间、任何地点的限制，教师的角色也发生了转变，从过去的讲师变成了启蒙者、引导者。

三、"互联网+教育"创新本质的具体体现

传统教育是一所学校，一个老师，一间教室。"互联网+教育"是一个网络，一个移动终端，数以百万计的学生可以自由地选择老师和学校进行学习。在教育领域，学生可以足不出户进行学习，课程面向所有层次的人，包括中小学、职业

教育、大学、信息技术培训等人群。未来的一切教与学活动都会围绕互联网展开，这是"互联网＋教育"的结果，学生通过互联网进行学习，教师通过互联网进行讲授，互联网上流动着各种信息，知识在网上成形，教育以线上活动为主，线下活动成为线上活动的补充和拓展。

"互联网＋教育"不仅影响创业者，在一些平台也可以提供就业机会和促进就业。很多人可以通过在线教育平台提供的职业培训实现职能培训，自主创业可以解决就业问题。例如，极客学院上线的一年多时间里，已经通过近千门职业技术课程和4000多课时的培训，帮助了超过80多万IT从业人员提高了职业技能。

"2015中国互联网＋创新大会"河北峰会于2015年6月14日举办，专家学者就"互联网＋教育"这一中心话题阐述了自己的观点。对传统教育而言，"互联网＋"不仅不会取代其地位，还会给传统教育带来新的机遇与活力。第一代教育核心为书本，第二代教育核心为教科书，第三代教育核心方式为辅导和案例，今天的第四代教育核心为学生。

其实在"互联网＋"提出之前，互联网教育已经有了近10年的发展历史。这表示即使政府不制定"互联网＋"计划，"互联网＋教育"的模式探索与尝试也已经开展，大数据、云计算、互联网等逐渐与教育相互结合，教育的形态被"智能"的力量重塑，可以说教育行业已经实现了互联网化。互联网成为教育变革的一大契机，但是它只是对传统教育的升级，其目的不是颠覆教育，更不是颠覆当前学校的体制。"互联网＋教育"创新的本质就是基于信息技术，实现教育内容的持续更新、教育模式的不断优化、学习方式的连续转变以及教育评价的日益多元化。

（一）"互联网＋教育"：教育内容的持续更新

"互联网＋课程"，不仅产生了网络课程，更重要的是，促进整个学校课程发生了巨大的变化，不论是组织结构还是基本内容。互联网有着海量的资源，这就促进了高校各学科课程内容的全面扩充和不断更新，许多适合大学生的前沿知识能及时进入课堂，成为学生的学习内容，并且这些课程内容有很强的艺术性和生动性。在互联网的加持下，学生获得的丰富而先进的知识甚至很有可能超越教师。

在互联网的支持下，除了创新必修课内容，还需要广泛开发和应用各种选修课。当前，越来越多的学校能够开设数百门具有特色的选修课程，很多以前想都不敢想的课程现在可以实现授课了。

（二）"互联网＋教育"：教学模式的不断优化

"互联网＋教学"形成了许多新概念，如网络教学系统、网络教学平台、网络教学资源、网络教学视频、网络教学软件等。一方面，教师更新了先进的教学理念，对课堂教学方式进行了改变，教学素养不断获得提高。"互联网＋教学"革新了传统的教学组织形式，使其发生了革命性的变化。互联网信息技术的发展，使得"翻转课堂"这个以先学后教为特征的教学模式得以实现。另一方面，在教学中的师生互动不再是空话。在互联网的加持下，教学突破了时空的限制。学习者可以自由地选择时间和地点与同学和老师进行交流。在互联网世界里，教师可以通过移动终端对学生进行即时指导，主导作用达到了最大限度。与此同时，教师不再是以传统的方法去给学习者灌输知识，而是为学习者提供资源链接，不断激发学生的学习兴趣，引导学生进行独立思考。教师的课堂教学更加自如，教学手段更为丰富，在互联网世界中，教学的触角可以达到任何一个领域、任何一个角落，甚至可以与分散在各个地方的行业专家进行即时互动。在课堂上，学生通过互联网可以获得自己想要的知识，看到自己崇拜的人，并且通过声音与形象的画面对心中的疑问进行解答，最大限度地调动了学生学习的积极性和主动性。

（三）"互联网＋教育"：学习方式的连续转变

"互联网＋学习"，成就了现在非常流行的移动学习，但它绝对不仅仅是作为一种简单的、可以随时随地进行学习的学习方式，它是代表着学生学习观念和行为在当今社会出现的改变。互联网加强了学生学习的积极性和主观能动性。在互联网世界中，学生找到了学习的需求和价值，并且找到了高效的学习方法，不再需要死记硬背，对心中的学习疑惑也能在互联网中找到答案。倡导多年的研究性学习，在学生中一直没有得到应用和开展，究其原因在于研究的指导者、研究的资源、研究的场地、研究的财力物力等受限，然而，随着互联网的飞速发展，这些问题迎刃而解。

在互联网的世界里，学生可以轻松地对研究对象进行全方位、多角度的观察，对熟悉或不熟悉的人群进行大规模的研究，甚至可以进行虚拟的科学实验。当学生手握互联网这把利器的时候，学生的主体地位才真正体现出来，他们不再是被动学习，主动学习从口号变成了实际行动。互联网世界中大部分学生将能发现问题、探索知识、寻找解决方案。"互联网＋学习"对教师有着巨大的影响。基于互联网技术的发展，教师远程培训不断兴起，在互联网世界中，教师终身学习的理念不断形成。对大多数使用互联网的教师来讲，他们明确自身的知识储备，也明白"弟子不必不如师，师不必贤于弟子"的道理。互联网一方面改变了教师的教学态度和教学技能，另一方面也改变了教师的学习态度和更新了他们的学习方法。在互联网世界中，教师和学生的关系是平等的，教师不再用权威俯视学生，而是与学生展开平等交流；教师也进行了角色的转变，成为学生的伙伴，与学生一起开展探究性学习。

（四）"互联网＋教育"：教育评价的日益多元

"互联网＋评价"即当今热词——"网评"。教育领域，现代教育教学管理的重要手段之一就是网评。通过网络平台，学生可以对教师的教育教学进行打分；教师可以对教育行政部门及领导打分；通过网络大数据，行政机构也可以对不同的学校、不同教师的教育教学活动进行及时的、相应的监控与评价，保证教师和学校朝着良性的方向发展。就是说，在"互联网＋"时代，教育领域评价的主体和客体是每个人，社会各阶层将更容易通过网络参与教育评价。当然，"互联网＋评价"一方面是对上述评价方式的改革，另一方面还改变了评价内容和评价标准。例如，教师的教育教学水平在传统教育教学体制下，主要体现在学生的学习成绩上，但是在"互联网＋"时代，教师评价的重要指标包括：一是教师的信息组织与整合能力；二是教师教育教学研究成果的转化能力；三是通过互联网，教师积累的经验共享程度。

简而言之，"互联网＋"时代正式到来的标志是将"互联网＋"纳入了国家战略顶层设计。教育工作者要顺应时代的发展变化，不断进行创造性的、革命性的变革，以达到新的境界和高度。

第二节 "互联网+教育"的机制

一、"互联网+教育"的动力形成机制

（一）顺应具有数字化特质的新一代的学习生活

如今的青少年是具有典型数字化特质的一代人群，他们的数字化生活是适应"互联网+教育"场域的基础，他们有使用互联网的能力，具备互联网学习的技能。要促使在"互联网+教育"场域下的学习方式形成、效果提升、层次提升，需要依托这种与数字化生活无缝对接的能力。通过互联网生活，引导和促进他们理解"互联网+教育"塑造的教育场景，参与互联网的学习生活来实现自我的提升，超越平凡的日常互联网生命，向基于互联网的个体成长生命进发，最终形成基于个性的数字化学习者的能力成长。

（二）学校提升教学质量的成长动力

人才培养是学校的核心任务，学校主要通过人才培养服务社会，完成基本的社会责任和社会职能。慕课等"互联网+教育"的产品出现以后，各类大学首先受到了慕课的威胁，甚至哈佛、耶鲁等名牌高校也在进行战略调整，进行在线教育的布局。互联网时代，学校面临的不仅是国内优质教育的竞争，更是全球化的竞争乃至生存的竞争。因此，我们的学校要深入探索互联网时代基于互联网的学习规律，收集在线教育数据，提高在线学习支持服务能力。互联网为优质教育资源的整合提供了技术支持，可以激励我们利用最好的教学资源实现未来的成长。例如，慕课学习平台 Coursera 于 2012 年与美国安提大学达成协议，安提大学的学生在老师的指导和管理下，在 Coursera 平台上学习其他课程，平台给予学生相应的课程学分。加州大学伯克利分校开创了承认从加州社区大学转学到该校修读慕课课程的学生慕课学分的先例。美国乔治亚州立大学也愿意承认自己学生修学别校的慕课课程学分。我国的一些高校也在这样做，例如，重庆工商职业学院鼓励学生在清华大学的"学堂在线"上学习课程，经学校学分银行认证后，可给予相应的学分。从质量提升的自我发展势头来看，将有越来越多的学校深入互联网，对教学资源进行挖掘，服务于自身的质量建设。

（三）社会生活的驱动机制

社会生活的基本元素之一就是互联网，互联网对我们的社会生活进行重构，民生、教育、医疗、交通和金融等行业都在用互联网思维进行统整。通过互联网的方式实现人、工业设备、计算机系统关联设计、制造、流通和消费的所有经济环节，全球赛博空间的理想正在围绕互联网逐渐实现。

侯汉坡等人研究得出，互联网资源的技术性、公共性和渗透性，对产业结构演进产生了巨大的影响。[①] 刘伟等人的研究发现，随着市场化程度的提高，产业结构变迁的影响逐渐让步于技术进步，尤其是信息产业技术的进步。[②]

这种经济形态蕴含了对教育的新要求，互联网化的社会生活需要更高的互联网技能；互联网化的产业结构"赛博空间"不仅需要技术技能，还需要统整性的视野将各个环节进行整合；技术为主要的生产力驱动方式呼唤创新能力。可以说，社会生活决定了教育生活的核心内容，也为教育培养什么样的人提供了实际的目标。

二、"互联网＋教育"的功能实现机制

（一）初期的"行政—计划"机制

"行政—计划"机制是指教育行政部门根据社会发展的需要，通过下发文件、召开相关推进会议、提出建设思路、确定项目、拨款、开展评估检查和汇报等方式，以设置目标、建立行动空间、完成过程监督为基本步骤，对事物的发展形成统筹性的指导。在"互联网＋教育"的初级阶段，适当加强行政手段，尤其是行政加财政手段，对培育互联网教育思维、形成互联网教育形式尤为重要。在"互联网＋教育"的格局形成中，应该对各类教育形成有针对性的引导，建立系统化的制度体系，遵守互联网精神所倡导的用户导向，按照科学的顶层设计，循序渐进地进行。"互联网＋教育"的效用实现，一定要依靠系统的制度，一个领域如果同相邻领域存在着一套与之兼容或匹配的制度安排，那么将会"提高制度的回报"，通过相匹配的制度体系，发挥"行政—计划"的最大效用。

[①] 侯汉坡，何明珂，庞毅，等．互联网资源属性及经济影响分析［J］．管理世界，2010（3）：176-177．
[②] 刘伟，张辉．中国经济增长中的产业结构变迁和技术进步［J］．经济研究，2008（11）：4-15．

（二）中期的"指导—服务"机制

"行政—计划"机制在初期的规模、数量上形成一定的改观后，通过指导和服务两条主要路径，实现教育资源的调配，推动办学机构利用互联网向更高水平更高层次迈进。在经历初期的"行政—计划"式指导之后，"指导—服务"机制的形成显得尤其重要。"指导—服务"机制是指组织中层对各地实施"互联网+教育"的举措、方法进行指导和服务，与办学主体进行对话沟通，构建以对话为核心的治理框架，激发教育主体进行基于互联网的模式创新、过程创新、管理创新和评价创新并做好指导和服务工作等一系列的行为。

（三）长期的"监督—调适"反馈机制

"监督—调适"反馈机制指的是运用监督等手段，将实际的运行情况进行基于数据、案例和事实的反馈，帮助办学机构对自身利用互联网办学有清醒的认识并实时调控，防止过激行为和偏离方向。如利用互联网办学的情况和互联网改进教学模式的情况，进行数据的反馈，或者开展典型案例的分析。对于教育机构的互联网办学行为，或者是教育行政部门支持互联网办学的决心，需要形成长期的监督反馈机制，并根据社会发展、学校情形和学生状况进行调整，适应新的环境。

三、"互联网+教育"的保障机制

（一）激励机制

激励机制是指为了调动事务相关方面的积极性，利用激励手段发挥激励作用，从而实现事务本身的整体功能。一般来说，激励手段包括三种：一是身份激励，二是行为激励，三是效果激励。身份激励是指给予一定的身份和角色认同，以激发办学机构的主动性。例如，通过给予网络办学的学校集体教育技术奖励或创建"利用互联网办学先进单位"等方式，鼓励办学机构利用互联网办教育。行为激励是指对某一组织或个人的某种集体行为的认可、表彰或其他表现出尊重的行为。如果一所学校利用互联网实现课堂与教育技术的深度融合，可以邀请其教学管理校长在教育工作会议上发言，总结经验。效果激励是指把组织或个人在一定的具体行动中取得的成绩作为认可和激励依据的激励行为。例如，在"互联网+教育"

方面成绩突出的学校或组织，将获得国家级教学成果一等奖的表彰。激励的价值体现在拉力上，通过典型的激励手段，帮助办学机构了解教育发展的主流。值得注意的是，激励手段的运用应该注重组织的实际效果，注重物质激励与精神激励相结合。

（二）制约机制

制约机制是指通过系统的手段，将组织的行为通过命令、利益阻碍、舆论引导等方式进行制约，使之朝规则制定者期待的方向发生作用。一般来说，制约机制通常包括行政制约、利益制约和舆论制约。行政制约是指通过行政命令，促使办学机构向"互联网＋教育"的模式转变。如教育行政部门为促进互联网在教育中的深度运用，构建了一套包括行政规划、激励手段、保障措施融为一体的，既有实施可行性，又有明确任务性的制度框架，系统地设计了利用互联网办学的行政制度，这对办学机构来说，就有极大的制约作用。利益制约是指办学机构内部或者是相关其他组织，与有相同利益的人通过表达自身话语，帮助办学主体适应"互联网＋教育"的发展方向。如校企合作中，企业方利用互联网办学的成效选择合作学校，都是有典型性的利益相关制约案例。舆论制约是指通过舆论的手段，促进或者压制某类行为，使办学机构的办学行为迎合舆论的要求。如某校不开展在线学习，其办学条件受到舆论的质疑，促使学校思考在线学习的条件保障和制度保障问题。制约机制是促进办学机构实施"互联网＋教育"工程的推动力，通过发挥舆论的监督功能，可实现前进方向的科学性。

（三）服务机制

服务机制是指通过提供制度、技术、理论研究等相关的服务，使组织在获取资源的便利性上发挥作用，促使主体功能的实现。"互联网＋教育"的效用产生，仅依靠激励与制约机制是不足的，还需要建立服务机制，促进"互联网＋教育"的实现。

1. 制度服务

"互联网＋教育"蕴含了大量的创新行为，如对资源标准的建设、学习结果的认定、各类办学主体和在线教育机构提供的教育都需要相应的制度进行支持，学分银行应成为服务机制建设的重要内容。教学模式的变革需要教育部门适应在线教育的自由性。制度支持从整体上来讲，需要形成一个相对宽松的环境，因此，应该做好服务"互联网+教育"的工作。

2. 技术服务

"互联网+教育"的形成，需要深度利用教育大数据服务于教育政策实施、教育模式更新、教学过程优化、教学效果评价等全过程。教育资源的区域共享需要云计算等先进技术为其提供技术支撑，除此之外，教学终端需要更好体验人机交互技术等，这些都需要相应的技术人才。一方面，教育行政部门通过购买相关服务，提供给办学机构，为办学机构服务；另一方面，要鼓励学校培养大量的相关人才，为利用互联网办学的活动提供人才支持。

3. 研究服务

研究在互联网新技术运用到具体的教育教学环节中起着支撑作用，通过确定可行性、建立典型示范、设计新方法、创造新途径等方式，服务于"互联网+教育"体系的形成。慕课等互联网办学起源于实践，但不能否认研究的重要支撑作用，"互联网+教育"形成的早期需要研究调适，中期需要丰富模式，后期需要调整方向。教育行政部门通过项目、课题等方式，引导科研人员参与利用互联网办学的研究工作，支持"互联网+教育"的形成。

第三章 "互联网+"背景下的高校外语教学

  在"互联网+"教育背景下,我国高校外语教学进入新的发展阶段,"互联网+"不仅赋予了高校外语教学新的内涵和任务,同时也为高校外语教学发展创造了良好的环境。本章分别阐述"互联网+"背景下高校外语教学的内涵、"互联网+"背景下高校外语教学的新要求、"互联网+"背景下高校外语教学的机遇与挑战。

第一节 "互联网+"背景下高校外语教学的内涵

"互联网+"教育模式下，高校外语教学在新的时代里焕发了新的内涵，主要可以从两个方面进行探讨：一是外部的特征，外部主要关注的是科技带来的优越性，尤其是目前突飞猛进的科学技术和高校外语教学结合带来的巨大变化，从这个角度来看，可以说科技改变带来的是全新的高等教育生态系统；二是内部的特征，内部关注的主要是学习者和教育者的状态，在"互联网+"的教育环境下，大学生的学习体验和学习安排都会发生巨大的变化，而这样的转变恰好需要在教师的带领下，师生协同完成。

一、从外部看"互联网+"背景下高校外语教学的内涵

（一）高度融合教育和技术

将科技应用到高校外语教育中，以此促进外语教学的发展，可以说既是教育领域又是科技研究的必然趋势。从过去三十年的发展来看，外语教育对科技的应用往往只停留在表面上，例如，对电脑或网页的简单应用，要求学生做一些简单的信息采集，这样的结果很难做到真正全方位的深度融合。实际上，"互联网+"背景下高校外语教学的发展理应有更多的可能性，这样的深度融合很大程度上可以催发更多的教学方式和学习方法，帮助大学生拓展精神世界，养成自主学习的惯性，而最终思想是辅助外语教育事业蓬勃发展，推动社会进步，提高国家文化软实力。信息技术事实上是起到了教学工具的作用，它提供更多解决问题的方式，支撑着教学模式的改革和跟进，是教师和学生之间的一座桥梁。

"互联网+"背景下，高校外语教学有教学和科技的双重属性，不仅注重人文性，而且关注科技性。科技应该融合在教育的每个步骤中，让科技成为辅助学生学习的好帮手，但同时需要注意信息快速发展带来的负面影响，如信息爆炸导致垃圾信息增多，或信息碎片化等问题。

(二)以平台创设推动教师和学生沟通新方式

互联网教学与模式开创了人际沟通的新手段，大量社交软件出现，在拉近了人与人之间距离的同时也带动了社会信息的高速流传和发展。这样的科技手段应用到外语教育中也是如此。在过去，教师往往面对着众多的学生，尤其是在高校外语教学场所里，教师所面对的压力不仅来源于教学，更来源于科研等，因此对学生很难分出精力一对一地辅导和帮助学习，而学生在遇到问题的时候也很难及时找到教师沟通询问。但随着科技的发展，公正开放的交流平台出现，可以帮助教师和学生实现更为自由的双向互动，模糊教育的沟通局限性；实现师生角色的平等化，让教师从教授者变成引导者和协助者，帮助学生更好地通过平台自主学习，实现更多的小组互助模式，开创教学新模式。

(三)无时空边界的学习模式

学生在高校学习的时间长达数年，想要接触更为广阔的学习资源，科技成了最为关键的因素之一。在"互联网+"的教学模式之下，学生面对的不仅是传统的教学空间，还可以从更为广阔的网络中获得无限的学习资料。网络拥有的跨时空的特点让学生在学习的过程中不用再面对有限的物理边界，高等院校提供的更多是在搜集资料和引导上的作用。

此外，学生面对这样的网络资源格局，不仅可以获得更多的资料，而且可以重新对学习时空进行自由组合，对学习内容进行个性化选择。高校内能提供的课程是有限的，学生在接触基础类别的专业课程后往往会对不同方向产生兴趣，有了互联网的介入，教师就可以有选择地筛选出一些有针对性的网络课程或相关科研资料，放置在学校的内部网络上供学生学习和使用。

二、从内部看"互联网+"背景下高校外语教学的内涵

(一)注重大学生的个体学习能力培养

随着互联网科技的快速发展，当今社会对人才要求的能力也有变化，和以往相比，现代企业更希望看到有创新能力的新型人才。面对这样的需求，高等院校对人才培养的要求也应该发生改变。和以往只注重背诵教学任务和论文写作任务

有所不同，现代高校外语教学更强调学生个体学习能力的培养，就是说不仅要求学生能完成课内要求的教学任务，充实课堂的时光，更需要通过体验式教学在学习的过程中能力得到有效提升。

目前来说，体验式学习被分成三个部分：其一是利用信息技术创建更为精彩更为丰富的教学工具吸引学生，开发学生的求知欲，引导他们积极参加到学习的过程中来；其二是在学生积极参与进来以后，学生通过教师的带领和引导解决学习过程中出现的问题，或者教师更有针对性地帮助学生提高任务的难度，有侧重地完成学习任务，让学生在整个学习过程中获得更加充实有效的体验，提升相关的能力；其三是建设相关的交流平台，让学生对自己研究的成果或完成的学生任务进行分享，并且在分享中获得来自其他学生和教师的意见和反馈，在这样动态的学习过程中学生面对自己做出的成果会更加有成就感，对下一次的学习任务也会更有信心完成。

（二）突出以学生为主的教学模式

在传统的高校外语教学中，教师往往是作为管理者和规则制定者的角色，对学生的学习进行主导和规范。在脱离了高考这样全国范围的考试后，对具体课程的教学安排和考试安排，教师的自主性比较大，课程成绩等对学生的评价往往由任课教师独立判断，在这样的教学模式里，毫无疑问学生处于被动的状态，很难发挥个人主观能动性。尤其是大学的课程，学习者往往人数较多，教师没有精力对每个学生的状况和能力一一了解，那么在这样的状况下，学生的自由和个人能力受到了很大程度的约束。从长远角度来说，这样的教学模式最终会对学生的创新能力和自主学习能力造成巨大的伤害。

目前，在"互联网+"教育的背景下，由于科技的发展和进步，外语课程可以采取更为精彩和灵活的方式呈现在学生的面前。因此，高校应该鼓励学生，通过多样化的科技能力，在学习中探索感兴趣的知识，对自己进行更多的规划和研究，增强在学习过程中的主体意识，成为学习的主人。这样的自主学习不仅可以激发学生的学习兴趣，而且可以培养其独立思考能力、参与团队活动的能力甚至口头表达和社交能力。

(三)巧妙引用智慧学习提升教学效果

"数字智慧"理念随着"互联网+"的技术发展,逐步从理念走向了现实。智慧教育指的是依靠着成本极低的互联网传播手段,为学生提供个人化定制的教学服务,并由此建立相关的教学社区,深度挖掘学生的学习模式,设计更为高效的学习方式。这样的互联网教学服务手段可以说是从根本上革新了外语传统的教学模式,让学生能独立在互联网的帮助下学习。而构成"智慧学习"模式的基础就是"互联网+"的技术支撑,只有通过大数据等信息科学技术才能建设相关的外语教学平台,聚焦不同的教学主题。

此外,"智慧学习"在课程形态上也不同以往的传统教学。通过对课程和学分拆分,将不同学科、不同阶段的教学内容放置到一个教学周期,能够帮助学生在完整的时段获得更为科学的信息规划。此外,在"互联网+"的教育社区里,学生的学习过程和相关数据都会得到更为智能的分析和保存,对学习成果的评价也不同以往的只关注最后试卷的成绩,而是可以从更为宏观的角度对学生一段时间以来的学习成果进行评价。这样的教学模式也在逐渐走入大学院校,教师可以空出一部分精力来帮助学生升华最终的学习高度,而基础课题的理解可以由学生在网络科技的帮助下自主进行。这种新型教学模式提升了外语教学效果,提高了外语课堂效率,使学生获得了更多的知识与能力。

第二节 "互联网+"背景下高校外语教学的新要求

随着互联网科技飞速发展,教育模式也发生了很大的变化。本节从宏观和微观两个方面来分析当下"互联网+"的背景下,高校外语教学的新要求。

一、宏观层面

(一)积极发展建设网络教育生态系统

关于教育生态系统的建设,主要是站在线上教育角度来进行的。互联网在1995年联通之后,带来高速信息流和低成本损耗等优点,有专家建议通过互联网来传递知识信息,用来解决外语教育在各地的差距问题。然而,网络教育在具体的操作过程中缺点也就逐步体现出来了。首先，外语教学的内容很难得到规范，教师在教学内容上有更多自由的同时也存在一些问题；其次，高昂的在线教育费用，甚至还有犯罪分子利用网络教育监控盲区对渴望求学的学生进行犯罪行为。在此背景下，教育生态系统的积极发展建设就成为重要的要求。

目前，中国的在线外语教育经历了三个阶段：第一阶段是萌芽期，这个时期的在线外语教育仍然是非常基础的一个状态，仅仅是复制了一下外语的线下教育，同样是在一个相对封闭的环境里面教和学，"老师和学生"作为教育主体，他们之间的沟通和交互与线下教育在本质上也没有很大的区别；第二个阶段，在线外语教育作为线下教育的辅助组成部分开始具有独特的意义，可以为学生提供不同的资源和信息；第三个阶段，在线外语教育已经有独特的价值，虽然没有全面的考察机制，但它对师生平等交流等教育理念的引入，也在影响着线下教育。

当前，要积极发展建设外语网络教育生态系统，以学生为主建设更具互动性和连贯性的课程体系，为各个阶层年龄的学生提供个性化定制教学服务，从而进一步促进外语教育的区域性平衡发展，帮助各类型的学生获得更适合个体发展的教育资源。

（二）探索建设符合当下国情的学分制度

高校外语教学是我国外语教育改革的先驱实验地，为促进高等外语教育的发展，实施改革和创新是有必要的。在目前互联网发展的思潮下，将多样化的互联网手段有机运用到高等外语教育的课堂中已经成为大部分教学实验采取的手段，可以说建设相关的课程、促进科技改善教育成为大部分高校改革外语教育模式的首要行动。但实际上，对外语课堂内教学进行教育改革绝不是改革的重点，而仅仅是起点，对外语教学课后评价体系的改善、学分认证的系统的完善是重中之重。高校外语教育改革追求的并不是一种全新的教学制度，更需要完善的是教育管理制度。

学分的获得直接影响了学生对毕业证书的获取，对学生外语学习成果的认可决定了学分是否获得。因此，探索和改善配套的外语学分兑换制等一系列教育管理制度是高校外语教育中极为关键的环节。在"互联网+"的背景下，电脑终端能够储存的信息，对学生的作业等课程完成状况也有着更为宏观的统计和核实，目前比较有革命性的是学分银行制度。学分银行是将学分兑换等信息统计到一套类似银行的系统中，建设包括存储系统、消费系统、结算系统等多种计算代码，计算学生的学分支出和获得状况，甚至可以帮助学生更加智能地计算，辅助学生更为科学地选课。

（三）善用大数据改善教学大环境

随着大数据时代的到来，外语教育愈发重视开发、交互和共享，将大数据下的教育平台向着更为深远的方向推进，促进外语教育平台由单一的教育功能向教育服务等多边职能转变。将科技智慧化投注到教育应用中，是建设当代教育大环境的必经之路。

一方面，对外语课堂学习环境的拓宽和塑造不仅可以充分利用学生学习的时间，而且可以发挥学校内部的优势，在课堂中对师生平等地位的塑造、对学生体验学习的经验积累有着重大的意义。外语教师在课堂中到底扮演着什么样的角色，与学生的交流到底是以平等对话为主还是以指导带领为主，诸如此类的问题在重新反思课堂建设的过程中都可以得到解决。另一方面，在发挥课堂学习的重要性之外，提高当代大学生在线外语学习体验，帮助他们更好地设计课程，认识到技术的价值，有助于学生日后在工作中更好地面对出现的问题。

二、微观层面

（一）科学利用新兴科学技术

在教育领域的发展中，越来越多的新型技术，如人工智能、电波技术乃至大数据等都被逐步应用到当下的外语教学模式中，与其进行深度的融合，为学生带来更为智能和深刻的学习体验。在这样的背景下，如何更好地让新兴科学技术为外语教育服务，从细节上为外语教育模式带来更好的改变，成为教育者需要特别关注的问题。

AR技术作为VR的一个子项目，通过摄像仪等录像设备就可以实现在真实世界中对虚拟3D对象进行呈现，在课堂中对一些具体景象的呈现有着比图片或者语言描述更加生动的表达效果。此外，这样的技术更有利于刺激学习群体在研究、学习的过程中达到更高的学习效率，目前在脑电波技术的帮助下，观察学生在哪些阶段对授课内容表现出来更大的兴趣，对学生的综合数据和个人兴趣有着全面科学的统计。

在"以人为本"的教育理念支持下，教师作为学生学习过程中重要的同伴和带领者，势必要利用更为科学的技术对学生的习惯和特点进行分析，在帮助学生更好地认识自己的同时，也帮助他们以更为开放的态度面对知识和数据，协助实现浸润式教育的协调发展。

（二）完善学习组织方式

在诸多教育模式中，大部分教育模式都是逐步提高学习小组的重要性，强调学生需要培养自己的团队协作能力，积极参与小组合作，在完成自己本职工作的同时帮助同组同学，以培养自己的社会能力。要培养这样的学习共同体，就需要融合线上和线下的双重学习范围，加快线上沟通等技术的发展。在这样的变革中，科技和教育的融合对完善学习组织方式有着重要的作用，也自然可以帮助学生获得更好的学习效果。目前，在西方一些高校中已经开始了基于自由规划学习而产生的学习组织形式的教育实验，这种教育方式究竟能起到什么样的作用还需要更多的实验验证。

（三）电子设备走入课堂合理化

为了让学生更快速地搜集外语资料，现在部分课堂需要学生上课时带着相关电子设备，这样不仅可以快速对教师的要求给出反应，快速搜索基础问题的答案，而且可以帮助学生更好地与老师和其他同学交流和沟通。但是随之而来的问题也引起了极大的关注和重视，例如学生注意力下降，喜欢利用电子设备做一些和课堂无关的事。在这样的情形之下，如何更科学地在外语课堂中使用电子设备，更好地发挥其优点而避免弊端，就成了急需解决的问题。

（四）培养学生的创新思维和解决实际问题的能力

STEAM教育和创客教育等是近年来在国际上发展十分迅速的教育模式，它们都是将科技与教育相结合而产生的新型教育模式。这些教育模式一方面对师生之间的关系进行了定义，另一方面锻炼了学生的创新思维和解决问题的能力，并将这两种能力作为学习手段和建构教育模式的目标。而这两种能力正是我国当下社会急需的。

在未来，推进高校外语教育改革应该从教师和学生两个方向同步进行。要想真正实现科技和教育的融合，就需要学生的配合与教师的引导，二者缺一不可。例如，在创客教育的相关课程中，教师需要对课堂安排进行合理设计，但是在分组活动的过程中教师往往很难对每组的作业和学习情况进行及时点评，这就需要利用科技手段作业进行扫描等，给教师足够的时间进行检阅，并对学生下一个阶段的学习情况做出安排；对学生来说，每一节课堂都需要保持充分的积极性和饱满的精神状态，这样才可以在提高动手能力的同时又锻炼自己的创新思维技能。

在未来，课程的设计会更加个性化，针对学生的年龄、智力等水平都会做出适当的安排和调配，从而为他们量身打造更合适的课程。

第三节 "互联网+"背景下高校外语教学的机遇与挑战

在 2014 年 9 月举办的第十四届中国教育信息化创新与发展论坛中主要阐述将互联网技术和传统的教育模式进行有机结合，以推动我国的教育信息化改革，此次论坛就是以"互联网+教育"为主题。随着互联网技术在校园的不断发展，各种新课堂教学模式也层出不穷，如微课、百度传课、慕课、白板 App、iPad、学习空间、翻转课堂等，这些新课堂教学形式的出现使现代教学的组织形式和教育模式与以往相比发生了很大的转变。

信息技术的发展不仅是体现在科技层面，从教育教学层面同样可以看出信息技术的不断革新，如更加了解学生的个性化需求和差异、教育更加人性化、学生成为受教育的主体和教育的中心等，这些方面通过学习方式、学习空间和学习内容的不断创新就可以看出。随着智能移动设备的普及，原本的学生可以称为"数字移民"，但新一批的学生已经可以称为"数字原住民"了。学生成为学习的主体，对学习的激情和热情比以往更加高涨，具备了学习自主性。这时的课堂教学不再是原始教师写板书的形式，在互联网大背景下产生的微课学习、移动学习、公开课程学习、慕课学习等多种学习形式也逐渐被新时代的师生接受，融入日常的课堂教学当中。教室不再是唯一的上课地点，在现今教学模式和智能设备的加持下，学生能随时随地进行学习，这充分体现了虚实结合和显隐结合的学习新理念，是对"随时性学习、螺旋式发展"的一种展现。

一、"互联网+"时代给广大外语教师提供的机遇和挑战

"互联网+"时代是迎合信息技术发展的一种时代趋势，处在这种时代下，教学模式的创新和发展是不可避免的。但在新时代的教学模式中，虽然课堂上有了智能硬件设备的加入，但教师仍然是课堂上不可取代的一部分。教师是教学的真正实施者，而那些多媒体设备只是教师教学的一种手段和工具。随着新时代的发展，对教师也提出了新的要求，教师要与时俱进，不能被时代洪流击退，要在自己的教学课堂上熟练应用这些媒体技术来丰富自己的教学内容，这对广大教师而言，既是一种机遇，也是一种挑战。

作为"互联网+"时代背景下的一名外语教师，面对时代的变革，首先要做的就是转变传统的教学观念和教学方式，同时对教师在课堂扮演的角色也要有一种崭新的认识和理解。对教师在课堂中起的作用，主要体现在以下三个方面：

首先，教师已经变成了知识的引导者和促进者。教师不再仅仅是将知识灌输给学生，严肃的师生关系已经转变为和谐的、互帮互助的朋友关系。在日常的学习生活中，教师可以帮助学生养成良好的学习习惯，引导学生形成良好的道德品质。其次，教师已经从开发课程的角色转变成理解课程的角色。教师获取资料的途径不再仅仅是课本或参考书了，在互联网的大背景下显然已经有了更多的选择，因此在实际的教学活动中，就要求教师将网络资源进行合理应用。最后，"数字原住民"是在互联网的培养和熏陶下成长起来的，他们的信息素养显然是有一定水平的，如果教师拒绝学习或是以消极态度来对待学习，那么就无法跟上学生的脚步，最终就会被淘汰。

总而言之，作为一名教师，树立终身学习的理念是十分重要的，再配以先进的教学理念和优秀的教学方式及教学手段，不断提升自己的教学能力和水平，要想完成制定的教学目标，提升教学质量，自然就会容易许多。教师要勇于接受新鲜事物，并且乐于学习，将教学模式转变成线上线下相结合的形式，做到因材施教，自然在教学上就会事半功倍。

在新时代的大背景下，面对教学环境中不断增加的机遇和挑战，作为教师要做的就是勇于面对、积极面对。第一，教师必须保证自己的思想是信息化的，能熟练应用信息化思维，掌握信息化能力，在教学课堂上进行大胆的尝试。第二，转变课堂教学的组织形式也是非常重要的。将固定的学习教室转变成为课上课下、线上线下的教学联动，教学模式从单一化转变成为多元化。第三，教师要博采众长，将自己的技能和知识分享给其他人，互联网就是再好不过的媒介，可以在网络上与不同地区甚至是不同国家的教师一同完成教学任务和目标。教师可以通过互联网平台与众多的同行们一起学习，扩大影响范围，逐渐向名师靠拢。

（一）教学模式

1. 慕课

教师和学生可以进行互动，交流学习上发现的问题或自己的学习心得，建立互助小组，组员之间进行交流和讨论。

教师可以依据这种全新的教学模式，将原本大量在课堂上完成的作业和任务转移到网络上来，如开展线上问题讨论、家庭线上课堂、学生线上讲解知识点等活动。因为这种教学模式对以往的教学来说是一种颠覆，所以可以将其称为颠覆式课堂。网上慕课的教学形式就是在网络上通过教学视频学习知识点，在现实的课堂当中对学习的内容进行讨论，以"学—教"来代替传统的"教—学"。教师在课堂上不是知识的灌输者而是引导者和促进者，学习的主体是学生本身，学生之间在课堂上进行积极的讨论和交流，学生们掌握知识的同时，还可以获得掌握知识的能力。颠覆式课堂的教学模式就是将要掌握的知识点制作成讲授视频，让学生自主观看，这种学习形式的优点就是学习不再受时间和空间的限制，是随时随地都可以进行的。这种颠覆式的教学模式是现代化教育中个性化理念的显现，强调的是线上和线下的结合，有效弥补了传统教育模式中无法兼顾每个学生的不足。学生在网络平台上不仅可以看见自己老师的讲课视频，还可以看到全国各地其他优秀教师的讲授内容，对学生拓宽眼界和知识体系十分有帮助。学生可以在学校中进行知识点的巩固，或者与老师和其他同学进行交流和讨论，教室就不再仅仅是上课的地方，而演变成了师生之间的交流空间，这种教学模式的应用就是将学生作为教学主体的一种有效体现。同时，还需要教师对教学任务的实践更为细致，在掌握学生观看教学视频进度、学生作业完成情况和学生问题的发现与疏导等方面都要重视起来。

2. 微课

随着网络技术的不断发展与革新，多媒体技术逐渐渗透到课堂教学当中，其中"微课"就是一种新兴的课堂教学模式，也是现代教育的一条新分支。"微课"主要的实践模式就是利用多媒体技术将课堂上讲的知识点和重难点录制下来。这种形式可以有效再现教学过程中的"教与学"，可以帮助学生强化和巩固知识体系。

微课有以下几个主要特征：教学时间短、教学内容少、资源容量小、内容具体、资源组成情景化、草根研究、趣味创作、主题突出、成果简化、反馈及时、多样传播和针对性强等。"微课"中的教师可以在视频中出现，也可以选择只进行语音交流；教学时间一般控制在 10 分钟左右，在这个时间段内学生的注意力会比较集中；教师对知识点的讲解也要有针对性，突出的教学主题和精致的教学设计可以有效抓住学生的眼球。

3. 微信

微信是在互联网大环境下衍生出的新兴沟通媒介，不仅可以传递消息，还可以沟通感情。同时，微信也可以在教学实践的过程中充当沟通媒介，教师将学习信息传递给学生，这就是微信媒介功能的一种体现。微信和教学的结合，不仅强调了人本身的作用和能力，同时还加速了教育媒介的发展进程。

慕课、微课和微信等新兴的教学资源平台都为外语翻转课堂的高效实行奠定了基础。外语翻转课堂作为新时代的新兴教育理念，可以说是未来教学改革的重要方向。翻转课堂的出现早于微信和微课，因此翻转课堂涉及的领域和推广范围其实是更加广泛的，在教学中的应用也成熟许多。翻转课堂和传统教学模式的不同点主要体现在课堂的氛围和环境上，师生在翻转课堂中的沟通会更加自由和个性化，学生更加自主，教师也可以更加及时地对学生提出指导和改进意见。翻转课堂中的内容是可以永久保存的，学生可以及时查阅和学习。所以，当有些学生因为事假或病假而缺席部分课程的学习时，翻转课堂便可以很好地解决这方面的问题，缓解师生的心理和学习压力。在翻转课堂当中，学生学习的积极性和自主性也得到了提升。

4. 外语群

在教学实践的过程中，教师仅仅关注自身是不够的，除了不断更新知识体系，还要向全国各地的其他优秀教师看齐；教师的发展仅仅依靠自己的努力也是不够的，还要积极与同行进行交流，树立合作意识。对外语教师而言，学习的方法有很多。例如，可以与外语教学的同事建立交流群，一起成长；参加专业培训机构的课程，不仅可以和自己学校的教师进行交流，还可以与外校教师建立联系，形成高效的教学群体，通过互联网平台分享好的外语教学资源。众所周知，就算一个人的能力再强大，对群体而言也是弱小的，要想更快更好地成长，就离不开团队和同伴的支持，大家互相鼓励着前行，未来的道路上便不再是荆棘密布，一片迷茫。

5. 学习 App

随着时代的发展，智能硬件设备逐渐在社会大众中普及起来，各种适用智能手机的学习 App 也层出不穷。移动设备上的 App 具有及时更新、贴近实际和方便快捷等特点，可以让外语学习者们摆脱时间和空间的限制，学习者可以根据自己的实际学习需求选择适合自己现阶段的学习内容进行学习，提高自己的外语水平。例如，水滴阅读和友邻优课等软件就可以帮助学习者对学习的外语知识进行及时的复习和巩固，不仅可以扩大词汇量，甚至还可以线上阅读整本的英文原著，了解国内外时事动态等。这些移动 App 基本都会有学习交流群，在学习的过程中可以将自己的学习心得或朗读音频等发到群里，这样既可以练习口语，也可以获得不同的人对自己的建议，这对自身的成长是十分有帮助的。作为一名外语教师，不仅要做好学校的教学工作，还要不断充实和丰富自己，这样才可以跟得上时代的步伐，始终走在学生的前面，不至于被时代淘汰。

6. 网络备课

网络备课在实际的教学过程中是十分重要的，主要体现在以下六点：

第一，网络备课可以拓宽眼界和教学思路。外语教师备课的过程也是丰富自己的过程，通过查阅大量的网络资料，选择适合的辅助材料，添加到实际的教学实践中去，这就是理解和分析教材的过程。当教师在资料的查阅过程中遇到针对同一知识点的不同教学思路时，就可以加以利用和借鉴，知识火花的碰撞往往能够导致创新形式的产生。

第二，网络备课的过程其实是教师交流讨论的过程，能够营造出一种很好的研究氛围，提升教师的业务水平。现代网络备课手段是利用网络上丰富的教学资源进行知识重构，也可以说是一种直接或间接的知识交流过程。现代的网络备课模式不仅仅是一项教学任务，在查阅资料的同时也是一个自我审视的过程，可以帮助自身认识到自己的不足，能在教学实践中扬长避短，不仅对青年教师而言如此，对老教师也同样如此。

第三，网络备课最终形成的教学方案是服务实际的教学活动的，是众多教师的智慧结晶。相对个人备课而言，网络集体备课能让教师把握教材的重难点内容，分析学生的实际情况，根据学生的实际需要来及时调整自己的教学计划，这对教学效果和质量的提升是十分有帮助的。

第四，网络集体备课可以减轻教师的工作负担，对教师工作积极性的提升也是有帮助的。现代的网络备课可以减少教师在备课过程中花费的时间，就有了更多的时间和精力去提升自我，不论是在知识层面还是在教学的能力和水平层面，对教学质量的提升都十分有帮助。教师通过总结以往的教学经验，积累和收集教学资料并进行整合和分析，这对教师而言是一个内在提升的过程，同时也可以提升教师在教学方面的自觉性和积极性。

第五，网络环境是动态的、实时更新的，可以帮助教师及时了解教学动态，加速教师素养的提升。随着网络技术的不断发展，教师可以实时搜索到教学理念的最新动态，获取到最新的教学方法和教学方案。

第六，网络反思的开放同时对教师的课后反思是十分有帮助的。在教师的成长过程中，有效而便捷的途径就是课后反思，尤其是在网络环境中，极强的开放性和包容性对教师的专业成长是十分有利的，可以将教学经验分享给其他的教师以实现资源共享。

（二）"互联网+"时代下的外语教师集体备课

如何将"有效教学"理念融入教学实际当中？"有效教学"理念直击的就是教学效率问题，这一理念也是"新课改"的立柱之一。这一课题探讨的就是如何有效利用学校的多媒体教学资源，减少教师无效的工作量，从而提升教师备课效率。对互联网资源的利用不仅是用于查询资料，更为重要的是整合工作的进行，就是将处在不同学校、地域的教师备课资源进行汇总，打破时间和空间的桎梏，达到资源共享。但要想达到备课资源和互联网媒体技术的有效融合，就需要依靠全体教师的共同努力，将传统的集体备课模式转变成全新的共享和开放的新备课模式，就能真正提升教师的备课效率。教师的备课是没有时间和地点限制的，只要有电脑（或其他可联网的电子设备）和网络就可以在网络平台上与其他的教师进行互动，从根源上解决了传统模式受时间和空间限制的问题。这种开放式的备课不仅可以加强师生之间的互动交流，还可以提升师生的外语交流能力和交流水平，对集体备课改革而言有划时代的意义。

对外语教育其实可以理解为一门语言的学习过程，而对语言学习来讲最为重要的就是环境和氛围了。众所周知，互联网的显著特点就是快速和便捷，外语教育在"互联网+"时代就要充分利用这两点优势。在帮助学生获取知识的同时，还要培养学生在网络平台上自主获得知识的能力，这种培养教育方式不仅可以使外语教学的内容丰富化和趣味化，还可以有效提升学生学习的积极性和主动性。此外，"互联网+外语教学"还可以起到促进人才培养方案改革和创新的作用，是现如今教学手段的一种强化。面对时代化的浪潮，要想外语教育长足地发展，就需要对外语教学进行改革和创新，将互联网多媒体技术融入其中就是一条高效的途径。互联网可以有效借助在资源上的优势帮助学生们在外语学习上取得更好的发展。但是，从客观的层面来讲，互联网为外语教育带来的不仅是机遇，还有挑战。一方面，互联网丰富了教学模式和教学内容；另一方面，互联网的加入对外语教学质量的提升是一种挑战。

互联网技术在为外语教学带来机遇的同时，也迫使外语教学必须积极面对瞬息万变的教育形势和改革，朝教学目标高阶化、课程体系后现代化、教学模式智慧化和教师角色精细化方向迈进，为国家人才发展战略的最终完成做出一份贡献。

（三）教学目标高阶化

随着时代的不断发展，近两年教育部一直在提倡高校外语教学改革。教育部在 2018 年 9 月 17 日召开的加强高校公共外语教学改革工作会议中提出要"实施面向非外语专业的公共外语教学改革"，"培养高素质国际化复合型人才"。[1] 其中，"推进公共外语教学改革"被列入 2019 年教育部的"十大事件"之一。2019 年 3

---
[1] 蔡基刚. 十字路口的我国公共外语教学 [J]. 中国大学教育：2019（4）：3, 22.

月 29 日，教育部和中组部联合召开"推进公共外语教学改革，大力培养高素质国际化专门人才"会议，重点讨论如何培养学生的"专业+外语"综合应用能力，为国家战略培养和储备"一精多会、一专多能"的国际化复合型人才。在 2019 年召开的第四届全国高等学校外语教育改革与发展高端论坛上，教育部提出：高等外语教育要主动服务国家发展战略，要积极迎接新科技革命挑战，要全面融入高等教育强国建设，大力培养有全球视野、通晓国际规则，熟练运用外语、精通中外谈判和沟通的高素质国际化人才。

  随着时代的发展，不仅国家的战略进行了调整，而且从技术革新层面来看，外语教学的转变也是有目共睹的。例如，于 2018 年 4 月举办的博鳌亚洲论坛上互联网技术就曾大显身手，会议的大屏幕上可以将嘉宾的语音实时转换语言；在 2018 年 11 月召开的互联网大会上，甚至还出现了首个外语 AI 新闻主播。在当今的时代，翻译软件和智能机器人层出不穷，因此对国民的教育也提出了新要求。在人工智能发展的时代，外语教学的重点也需要从单纯的传授知识转移到对学生个性化和自主性学习的培养上。这种新的教学模式可以有效培养学生的思维能力、创新能力和精神能力，这种精神能力包括情感能力、价值追求能力、美感能力和创新能力，这是人工智能难以获取的。

  面对"互联网+"大背景下的高要求和新要求，高校应该培养学生的自主学习能力以及提升智能素养，这些能力和素养的养成就可以很好地帮助学生在日后的学习和工作当中更加有效地使用外语，以满足国家、社会和个人的发展需求。按照布鲁姆的教育目标分类法分类，认知领域的教育目标可以分成知识和认知维度两个部分。其中，知识维度又可以分成事实性知识、概念性知识、程序性知识和反省知识四种类型。认知过程可以分为记忆、理解、运用、分析、评价和创造六种水平，这六种水平是从低级到高级来进行排序的。这些维度体现在高校外语的教学中，外语教学目标的设立就可以向事实性知识、概念性知识、程序性知识以及反省知识等方向迈进；而在认知水平上，就可以从记忆、理解和运用等低级水平向高阶的分析、评价、创造方向迈进。

（四）课程体系后现代化

  随着互联网技术的不断发展和革新，各个高校就要向学校平台化、传统课堂网络化、课程市场化等方向发展；学生可以从海量的云端资源库中随时随地获取想要的知识，经过深度学习后又进一步进行知识加工和结构化。除此之外，"互联网+"时代下的人工智能是具备超强学习能力的，这时就会产生许多人类自身都无法理解的"暗知识"。所谓"暗知识"，指的就是那些人类都无法感知和表达出的知识，但能在日常学习和生活中发挥重要作用。由此可以看出，人类正在逐渐走进一个知识的大航海时代，生活在其中的人们每天会发现无数的知识和技术。因此，高校外语教学应当采取非线性的、建构的、开放的小威廉·E.多尔倡导的后现代课程模体。

在现代的"互联网+"时代，高校外语课程体系的构建必然要向小威廉·E.多尔提出的具有四个特点的后现代课程模式建构发展，即课程具有丰富性、回归性、关联性和严密性。首先，课程的丰富性指的就是课程本身具有的深度和层次。在"互联网+"的时代背景下，师生之间和生生之间应当是伙伴的关系，他们随时随地都能够进行交流和互动，这也同时促使了师生关系的转变。因此，课程具有一定的不确定性，内容和深度也是丰富且灵活多变的。其次，课程的回归性指的是将课程的片段、组成部分和序列进行随意组合，将其视为一种反思的机会。换句话说，就是为每一个知识（包括作业和测验等）都提供反思的余地，以避免发生课程重复的情况。再次，课程的关联性指的就是教育和文化之间的联系，这种有一定关联性的课程模式始终处在一种不断建构的过程当中的，不再仅仅是由教师决定，它包含的课程体系和内容是远远超出原有的内容的。最后，课程体系的严密性指的就是体系架构的完整性和逻辑性，是这四个标准中最为重要的。这种自发形成的课程体系是符合课程发展规律的，也可以用数学思维来度量，只有这种具有非线性的、开放的和不断建构的特征的课程体系才能够满足海量资源的优势整合要求。从实际应用的层面来看，这种课程体系的实施对学生外语水平的提升是十分有帮助的，同时还能有效解决需求和资源分布不均的问题。

二、"互联网+"时代给广大外语学习者提供的机遇和挑战

随着时代的不断发展，不仅教师的"教"发生了天翻地覆的变化，学生的"学"也发生了改变，这些转变主要是体现在学习方法和学习观念上。在学习观念上，学生逐渐由被动学习转向主动学习，一方面，学生学习的主动性增加了，师生之

间的互动和联系变得更加紧密；另一方面，学生更能及时发现自己的不足，从而更有针对性地突破重难点。在传统的教学评价当中，教师的主观性评价还是占有很大比例的，主要是通过线下的考试分数和作业情况来对学生进行评定。但在现如今的"互联网+"大背景下，要注重学生的实践技能、对所学知识的理解与掌握程度以及解决问题的能力开展评价，这样的评价体系才是更加全面和系统化的，对学生的成长也是十分有帮助的。

在快速便捷的互联网平台上现在已经可以实现学习移动化和在线学习了，现阶段的"互联网+学习"主要有以下四个特征：首先，由互联网技术作为支架来支撑学生的学习行为；其次，丰富的网络资源可以更好地拓展学生的视野；再次，网络平台可以及时采集学生的学习成绩和学习进度，帮助教师更好地掌握学生的实时学习情况，进行及时反馈；最后，大数据积淀对学生的学习活动可以进一步优化。基于互联网平台下的学习是对学习本质的一大变革，从学习观念和学习形式上都发生了重大转变，学生不再进行那些流于表面的学习，而是真正成为学习活动的主导者和主体，是充分发挥人的主观能动性的一种表现。用适合自己的学习方式去学，最终取得的结果是那些传统的学习方式所不能相比的。

（一）对传统的学习观念及方式的冲击

在"互联网+"的学习背景下，我们必须认识到教师已经不再是教育的主体，只是起到引导者的作用，引导学生逐渐成为学习活动的主体，真正成为学习活动的主人。学生可以在互联网平台上获取到大量的，无论是由本校教师提供的，还是由外校教师分享的学习资料；同时利用微课、慕课等网络自主学习平台，学生还可以提前进行课程的预习；加上和教师进行互动，就可以很好地提升学习的积极性，从而对提升外语的学习质量和学习效率都是十分有帮助的。

当传统的外语教学中融入了互联网技术，学生不仅可以体验到更为快捷的学习形式，也可以获取比以往更为丰富的学习资料。对这些教学素材，教师不再要求学生必须全部掌握，而是可以根据自己的实际情况进行选择，让学生们能体验到更为自主和自由化的外语学习环境。从中可以看出，互联网媒体技术的普及，已经将知识的单向传递过程转变成为学生的自主学习模式，学生在外语的学习过程中具备了更大的学习自主性，已经可以选择自己喜爱的教学方式了。与此同时，在互联网的影响下，师生之间的关系也已经有了很大的改善，教师在学生自主学习的过程中可以及时查看网络后台数据，掌握学生的学习进度，并对其进行监督和督促；同样，学生也可以随时随地向教师提出自己不懂的问题，这种学习方式在现在看来是十分高效和自由的，对学生外语知识的掌握是有积极作用的。

随着信息技术的不断发展，学生的学习方式也随之发生了变化。在传统的课堂教学过程中，我们总能看到这样的场景：教师在讲台上书写板书讲课，学生端坐在自己的座位上，听着教师讲授的内容，课桌上摆放着外语教材，手中还在奋笔疾书地记着笔记。这时，听课是主要的学习方式。而转眼间，学生们的学习方式就已经发生了翻天覆地的变化，"互联网+"时代的到来，已经将学生变成了学习行为的主体，学生可以充分发挥自己的主观能动性，学习方式也逐渐在向多元化发展，由被动学习变成主动学习，可以说学生已经成为学习的主人了。

那么，在互联网的大背景下，当学生成为学习的主体，在学习过程中对学生自律性的要求也就随之提升了。对大部分的学生来说，从小就适应和习惯的被动式学习方式突然需要转变，可能还是非常不习惯的。在传统的外语教学课堂上，教师更多是讲解词汇、语法和句型等重要的理论知识点，而对口语和听力的训练是十分缺少的。因此，在全新的学习环境下，学生要及时调整自己的学习方式和学习状态，从根本的地方进行改变，学会进行自我学习和自我评价。总而言之，转变学生现有的学习观念是十分重要的事情，这和转变教师的教学理念同等的重要，要真正让学生认识到网络自主学习已经成为"互联网+"时代的必然趋势，这种学习方式是提升外语的应用能力和综合素质的有效途径，我们必须顺应这种趋势。

当下"互联网+"时代中学生的外语学习模式可以概括为：主动学习、自主学习、个性化学习和合作学习。随着互联网资源的不断扩充和知识开放程度的增加，互联网平台上已经可以获取到更多多样化的学习资料，这使课堂在其中起到的作用也就发生了变化，课堂不再仅仅是教师传授知识的场所，也是教师与学生之间答疑解惑的互动空间。与此同时，学生们可以在广阔的网络空间内找到更适合自己的学习方法，而不是一味套用教师的方法进行学习，网络上本校教师的微课讲解或慕课平台上一些外校教师的授课视频都可以成为学习资料的来源。不仅如此，这样的学习模式是不受时间和地点限制的，在学习进度上也是具有相对的灵活性，只要有可以联网的电子设备，随时随地都能进行学习，还可以利用网络课程的可重复性对知识进行及时的复习和巩固，有效弥补了教师只能在课堂上讲一遍的缺点。互联网学习平台的可移动性、可监控性和互动性的特点也在一定程度上增强了师生之间纽带的联系，平台上不仅可以进行师生互动，甚至还可以进行生生互动和人机互动。"互联网+"时代下的学生外语学习环境是十分开放和自由的，具有泛在性、自主性和随时性特征，已经彻底改变了传统教学中单一性和封闭性的缺陷。

（二）新的学习方式的出现

"互联网+"时代下的学习新方式是在众多网络平台的基础上开展的，学生可以在这些平台上实现主动学习、自主学习、个性化学习和合作学习，教学活动不再仅仅局限于课堂上。现代媒体技术为学生提供了外语的多样化学习方式，有了更为丰富的网络学习资源，学生之前接触的传统教学模式已经得到了根本的改变，机械化的学习活动和师资力量以及学习资源不足的弊端已经得到了根本改善。在多样化的互联网平台上，教学过程中的沟通也变得更为顺畅，教师可以得到有效而及时的教学反馈，对教学内容和教学计划的完善是十分有帮助的。

1. 移动学习

随着智能手机的普及和操作系统的日益强大，目前大部分学生都将手机作为日常生活中必不可少的一部分，这也为外语学习提供了便利。以智能手机为载体，可以安装外语学习App，其中所开放的网络课程可以做到随时随地掌握外语知识，有效利用碎片化时间，有效提升学习效率。与电脑相比，手机有即时和体积小的优势，在日常生活中更为普遍和便捷，让手机用户可以做到足不出户轻松学外语。但手机应用也是存在一定弊端的，学生不再注重词汇和句型的背诵，更喜欢即时查询而不是主动去记忆和掌握。以下几款外语学习软件和学习平台受到学生的追捧。

"百词斩"是近年来在外语学习中十分火爆的一款App，这个软件是以背诵单词为主线的，通过单词的积累帮助学生养成良好的背诵习惯。与其他同类型的软件相比，"百词斩"的优势在于在枯燥的外语单词中融入了动画和与好友PK等多样化学习模式，可以让学生在外语单词的学习过程中找到快乐。"百词斩"解决的不仅是单词背诵的问题，同时对学生听、说、读、写等能力的提升都是有帮助的，使枯燥的背诵单词的过程变得更加生动有趣，也可以让学生在单词学习的过程中始终保持新鲜感，使学生的记忆更加深刻。

"沪江开心词场"是沪江旗下的背词练习 App，包含汉语、英语、日语、韩语、法语等十个语种，采用游戏化闯关背单词的设计理念，旨在减少用户背词的枯燥感；内置小学、初高中、四六级、新概念、新标日、雅思托福、商务英语、出国留学等经典教材，且版权丰富；采用多样化的激励机制，设有 PK 竞技场、个性化辞书、社团功能等，充分调动学生学习兴趣，从而在趣学中掌握词汇。

"CCTalk"是由沪江网开发的一款实时互动的教育平台，这个网络平台可以为使用者提供完善的在线教育工具和模式，为学习者提供开放化和自由化的知识内容及社群环境。其拥有海量精品课程，涵盖热门学习大类，既有英、日、韩、法、德、西等多种语言学习，又有考试考证、职场技能学习、生活技能提升等方面内容，直播课、免费课、训练营等诸多课程助力快速学习外语。

"HelloTalk"是专为语言文化交换打造的全球化移动社区，能让用户轻松找到母语者一起练口语、学外语，应用内还能纠正语法错误，并有海量语言学习课程提供，使用户轻松成为外语达人。

"英语流利说"这款学习 App 是针对外语口语学习的，其中融合了创新口语教学理念和尖端语音评估技术，是少见的口语学习和练习软件。"英语流利说"的优势在于可以让学习者摆脱"哑巴英语"，能够将英语脱口而出，忍不住说英语。在这款软件当中每天都会新推送地道的美式英语对话，同时还搭配对话闯关的游戏，利用实时语音的评分技术让学习者能发现自己的缺点和不足并及时改进，让学习者在不知不觉间就可以提升自己的口语水平。这款软件还有十分优秀的语音识别功能，能准确识别出学习者不标准的发音。不仅如此，这款软件还有一种极具互动性的学习方式，可以在好友之间进行交流和 PK 以及成绩排名，这样的学习方式可以有效激起学生的学习积极性。它具备的学习内容涉猎也十分广泛，除了常见的学习资源，还有大量的热门影视片段和音乐供学习者进行娱乐，更可以进行外语配音等，这对外语学习者来说是非常有吸引力的，充分体现了"寓教于乐"的教学理念。

除了"百词斩""沪江开心词场""CCTalk""HelloTalk""英语流利说"等比

较常用的 App，还有许多种类的 App 和网络学习平台可以供外语爱好者进行选择。这些软件几乎都有交流学习群，大家可以在群里每天学习打卡，还设有不同的奖励方式，这对学习者学习兴趣和学习态度的激发都是十分有帮助的。

2. 协作学习

协作学习指的就是利用学习小组和团队组织学生学习的一种学习模式。在学习协作小组当中组员们共享学习资料，除此之外，每名成员还可以将自己这段时间学习经验的心得分享在自己的小组、班级或是其他的小组中。小组的学习目标一般是由组员经过讨论、协作的形式来制定完成的。协作小组中每名成员的生活和学习经历必然是不同的，每个人掌握知识的程度也是不同的。因此，在协作学习的过程中，每个人都可以取长补短，弥补自己在知识上的短板。除此之外，交流协作的过程也是沟通能力提升的过程，可以有效增强成员之间的包容力，对创新性思维和批判性思维的形成是十分有帮助的。假如将互联网技术与协作学习小组相结合，信息协作学习平台也就应运而生，可以在平台上一同制定一个学习目标和内容，互相交流和讨论，对每一名组员的成长都是十分有帮助的。在这其中要注意的是，小组中的每一名成员既是小组的一部分，同时也是一个独立的个体。

3. 情境学习

在互联网技术高速发展的今天，情境学习已经成为可能，这都要归功于信息设备的普及。现在手机几乎已经成为学生的标配，在有网络信号的校园中，手机随时都能连接上网络。手机学习软件的开发力度也在不断加强，这些软件具有活泼和生动等特点，甚至还可以通过多媒体来进行互动。同时，因为具有便于携带，以及个性化、交互丰富性、便捷性、情境相关性等特点也使手机成为新时代大学生的学习常用工具之一，变得不可替代。所谓的手机情境学习就是利用手机在不同的情境下进行学习的一种方式，因为这样的学习过程是存在于真实的情境中的，所以"学"和"用"能更好地结合起来，也能更好地应用到真实情境中。

第四章 "互联网+"背景下的高校外语新型教学模式

在互联网的影响下,我国高校外语教学模式也发生了一定的变化,教学模式朝着多元化、信息化方向发展。本章分别从"互联网+高校外语"新型教学模式的特征、"互联网+高校外语"新型教学模式的意义两方面展开论述。

第一节 "互联网+高校外语"新型教学模式的特征

一、"互联网+"新型教学模式

"互联网+"教学这种新兴的教学模式主要是以超媒体环境为支持，以超媒体技术为基础的。从学习环境来看，"互联网+"形式的外语教学是以多媒体信息环境为基础，从本质来看其实是一种外语多媒体信息教学。在这种教学模式中，信息往往是通过教学内容呈现出来的，这对外语课堂教学模式的探索有重大意义。

通过多媒体设备能将教师搜集到的信息传递和表达出去，现阶段的高校外语教学中教师主要是通过图片、文本、动画以及声音等方式来传递教学信息。在网络平台上，学生对信息的获取是非线性的。同时，信息的获取过程和教学的实践过程都是以超媒体环境为基础，师生之间还可以通过多媒体互动平台实现线上的沟通和交流。在互联网的网络平台上存在非常多的外语教学信息，这种信息组合也可以看成是非传统的线性文本。互联网的教学平台存在非常多的信息节点，这些节点通过多页面链接来实现信息的非线性组合形式，通过不同的分类汇总还可以实现信息的多维度导航功能。通过超媒体交互可以实现一系列的学习活动。例如，学生可以通过互联网进行自主学习西方文化习俗、锻炼口语能力等，继而利用便捷的交互平台实现交互活动。教师则可以通过交互活动掌握学生的学习动态并及时地更新信息。"互联网+"教学环境中多样化的信息传递形式也可以看作信息整合的一种形式，多样化的信息节点为学生实时访问奠定了基础。与此同时，这种信息的储存方式是不受时间和空间的限制的，整个学习过程充分受到环境和技术的支持。"互联网+"教学模式被称为极具发展前景的教学模式，互联网教学系统为教师、学生以及学者提供了新的教学和研究方向，通过在高校外语教学中融入"互联网+"教学模式，有利于实现高校外语教学模式的新发展。

首先，"互联网+"教学模式是将教师作为教学实践的主要引导者的一种网络教学模式，这种教学模式是以教师为基本单位的。教师在实际的教学活动中可以充分利用多媒体技术将外语课堂上讲授的内容制作成课件，然后通过教室内的媒体网络环境进行授课,这也可以说是一种知识的"即时调度"。在这种网络环境下,学生可以根据自己对知识的掌握程度来查看或保存需要的课件,教师也可以利用这种便捷的网络环境上传测试题,学生即时进行作答。学生提交课堂作业也可以通过网络实现,只需要通过局域网服务器将课堂作业上传至平台,教师下载即可收到学生的作业;同时,教师可以实时为学生进行答疑解惑,师生可以及时快速地获取资源信息。网络为师生交流提供了便利的环境基础以及技术支持。

其次,"互联网+"教学模式还是一种将网络教学视频作为传播载体的教学形式。教师一般会将前期已经整理制作好的视频上传到互联网服务器上分享给学生,这些视频以基础教学内容和延伸辅助资料为主,可以充分满足有不同学习需求的学生。与此同时,这些教学视频是将教学知识点与丰富的影像画面结合起来,这充分符合学生的记忆特点。外语教学中要应用的教学视频可以按照内容属性进行组合,大量的外语学习资源蕴含其中,具有学习需求的多样性以及连贯性特点。这种教学模式可以让学生根据自身需求进行自主学习,能适应不同学生的学习时间、学习环境以及学习兴趣(需求)等多种差异,学生可以自行下载或观看教学视频,并自主利用视频调控学习节奏,实现高校学生对教学内容的全面掌握以及巩固内化。

再者,"互联网+"教学模式是以互联网为基础环境的教学模式。教师利用的教学资源主要是从互联网上下载的,然后将制作完成的教学课件或教学视频上传到 web 服务器上。对学生而言,他们可以先在网络平台上进行相关信息的认证和登记,然后访问相关的教学站点下载需要的学习资源。这种教学模式打破了时间和空间的限制,使师生在网络上可以实现实时互动和学习,学生的学习资源也变得更加丰富多彩。除了教师制作的教学课件、教学视频以及教学资源等,学生还可以通过站内链接直接访问相关站点,例如,其他院校的学习互动平台,了解优秀的教学案例,或请教其他学校的教师、学者。此外,"互联网+"教学模式除了提高教师的教学效率,还可以有效缓解部分高校校园教学内容相对滞后、教师资源相对缺乏的状况。

另外,"互联网+"教学模式是以教师个人网站为传播基础的教学模式。教师根据外语教学目标、教学内容、学生的学习水平及学习需求制作教学方案,从而根据教学方案进行教学设计、教学课件、教学资源的制作。教师通过个人网站将外语教学资料上传并分享给学生,学生进入这个网站了解和阅读教学内容,实现外语教学资源(视频)的观看与下载。同时,学生可以通过多种网络互动形式向教师请教疑难问题;教师可以通过网站互动平台收集学生的学习反馈、意见等,及时掌握学生的学习动态,帮助学生解答疑惑,并根据学生的学习情况进行学生自主学习以及课外学习的辅导和调控。

最后,"互联网+"教学模式还是以教师博客为传播媒介的教学模式。这种模式主要适用于教学交流过程。教师通过在互联网上注册博客,然后将博客网址分享给学生,学生可以进入教师博客实现互动交流。教师也可以通过发表个人博客文章让学生了解到课堂延伸知识或其他教学内容,学生可以对遇到的问题进行留言,与教师或同学共同探讨。这种延时互动相对教学平台的及时互动,可以给学生更多的思考空间,还便于教师收集整理学生的学习反馈。此外,由于博客媒介的教学环境较为轻松,学生也能够表达学习之外的多种疑惑,帮助教师全面了解学生的道德素质、学习能力、社会责任等,以更好地促进学生的综合素质培养。

二、"互联网+高校外语"新型教学模式的具体特征

"互联网+高校外语"新型教学模式充分发挥了互联网和多媒体在教学中的作用,结合文字、图形、声音、动画、视频等多种形式展现教学内容,丰富了教学模式,促进教学内容的全面展示,让学生能更好地理解和吸收教学内容,进而更好地实现教学目的。与此同时,"互联网+高校外语"新型教学模式还借助网络的优势加强教学管理,实现了教学资料的远程共享和网络访问,为教学提供了诸多便利,其主要特征有:

(一)教学内容的丰富性

"互联网+高校外语"新型教学模式从教学内容来看是十分丰富多彩的。传统的教学模式有了互联网技术的加入,使得教学的内容不再局限于书本中,学生在网络上还可以获取到更多层面的外语学习资源,如在网络上下载课件、练习试题和进行翻译以及口语练习等。

(二)表现形式的多样性

"互联网+高校外语"新型教学模式从教学内容的表现形式来看具有多样性。

多媒体技术的应用为教学内容的表现增添了别样的生机,在网络上达到了文本、声音和图像等多种形式的统一,这充分提升了学习信息的表现能力。这种多样化的表现形式作用于学生就会产生意想不到的结果,外语的教学内容通过音像等形式表现出来,对学生的感官是一种刺激,同时也可以帮助学生提升对知识的掌握能力,从最终结果来看,可以活跃思维、构建知识体系和优化学习能力。

(三)教学资源的共享性

"互联网+高校外语"新型教学模式中的教学资源具有共享性。教师在网络上获取教学资源,将其进行加工和再创造并上传到网络平台上,学生就可以在线观看或下载。这些资源不仅在本班或本校的资源平台上能够看见,而且是可以被其他任何互联网用户看见的,甚至还可以保存和分享。在实际的教学过程中,教师可以整合网络平台上相关的教学资源,以实现资源的跨区域优化组合。

(四)教学信息的综合性

网络能整合各种超文本和超媒体技术,有多种方式的表现形式,且在表达和传递信息的时候不会受到时间和空间的限制。随着社会经济的发展,教学及学生需求的不断增多,要求教学内容更加生动形象地表现在学生面前,促使学生自主地调动各种感官来配合,更深层次地理解教学知识。网络信息教学是运用多种符号进行的,信息的容量比较大且知识比较全面,学生容易接受,同时,学生在课后也能进行知识的拷贝,从而进一步提高学习的效果。

(五)教学过程的交互性

多媒体技术有一定的远程功能,使学生获得更多的图文教育信息,能促使学生对学习的外语知识产生兴趣,更加主动地学习。

在进行学习的过程中,实现教学过程的交互性也可以让学生及时地看到自己学习上的弱点,从而不断调整自己的学习状态,提高学习的效率和质量。远程技术也能为广大师生提供超越时空限制的开放性教学环境,提供更多交流的可能性。在这种比较宽松的环境之下,学生不用受教材、教师教学进度以及知识的制约,可以根据自己的需求来制订学习计划,在学习的内容、地点以及时间上掌握主动权。

总的来说，多媒体网络教学的发展，促进了师生教学过程中的双向互动，有利于学生更好地实现自我的发展。

第二节 "互联网+高校外语"新型教学模式的意义

互联网教学方法是在互联网影响下的一种新的教学模式，互联网教学离不开计算机的使用，同时也必须使用一些多媒体设备以及网络技术作为辅助，再结合现代化的教学手段来进行教学活动，互联网教学就能促进教学资源得到共享。"互联网+高校外语"新型教学模式拥有很多的优势，主要体现在以下四个方面：

一、促进外语各个教学要素角色的转变

在"互联网+高校外语"新型教学模式中，整个教学过程包括了教师和学生以及媒体和素材四大要素。这四个要素之间是相互作用的关系。而"互联网+高校外语"新型教学模式就是要促进教学要素发生一定的转变。从教学的角度来看，教师的地位会发生改变，在新型的教育模式当中，教师不再占据主导地位。从教师的角度来看，教师从知识的传授者转变为学生学习以及教学过程中的设计者，也是学生学习的指导者以及学生参与课堂活动的组织者。而从学生的角度来看，学生也从知识被动接受者变为主动参与合作以及知识的建构者。同时，运用于教学的多媒体设备也变成了学生获取知识的重要工具。

二、丰富外语教学内容及教学手段

首先，"互联网+高校外语"新型教学模式有很丰富的特征，教师能在网上进行教案工作，布置预习任务等。其次，在这种新型模式之下，教师还能不断扩展教育教学的内容，并且能在计算机上实现传输、存储、运行以及修改等操作，以便更好地运用多媒体课件资源。教师可以利用互联网丰富的资源展开教学设计、制作教学课件、编写丰富的教学资源库。最后，这些教学资源通过互联网平台可以实现快速的传播，为任何用户所接收，可以实时观看或下载教学资源。

三、实现外语教学的双向互动

互联网技术的快速发展,使得"互联网+高校外语"新型教学模式具有信息传播速度快及共享化的特点。这些特点使得这种教学模式可以有效实现师生之间的交流和沟通,学生能够利用多种方式进行学习,可以在网络平台上与同学、教师,甚至是专家进行学术上的交流,这对外语知识的理解和掌握是十分有帮助的,可以进一步拓宽学生的视野并提升学习效率。

四、提升学生的自主学习能力

"互联网+高校外语"新型教学模式对学生的主体性是非常重视的,尤其是学生的主动性在该教学模式当中更为突出。在这种全新的教学模式下,学生可以充分地发挥主观能动性,以实现自己的个性化需求,这对良好学习氛围的创造也是十分有帮助的。学生在学习中遇到问题时可以锻炼自己分析问题和解决问题的能力,学生还可以在学习问题处理的过程中按照自己的需求把控学习的时间和内容,掌握学习自主权。

第五章 "互联网+"背景下的高校外语教学模式的结构

  本章主要从"互联网+"背景下高校外语教学观念研究、"互联网+"背景下高校外语教学形式创新、"互联网+"背景下高校外语教学保障措施、"互联网+"背景下高校外语教学效果评估四个方面对教学模式的结构进行阐述。

第一节 "互联网+"背景下高校外语教学观念研究

"互联网+"背景下的高校外语教学观念是高校外语教学设计与安排的出发点，必须与社会需求、行业需求以及时代需求紧密接轨，并能符合当代大学生的心理需求。因此，"互联网+"背景下的高校外语教学观念是作为外语教学活动设计者的高校和教师应积极思考和应对的问题。

一、高校外语教学的新观念

（一）高校外语教学应该树立新的教学理念

众所周知，教育本身就是依靠每一次教育活动过程中的积极互动而不断成长的过程。参与教育活动的学生是在与教师的自由交往过程中对旧的知识不断消化，得到精神的培育和灵魂的陶冶。由此可见，高校应该树立新的教学理念。高校外语教育工作者应该认识到教育活动的本质更多的是一种精神方面的影响，是通过知识传达实现的教学过程。在目前高速发展的社会中，高校更应该认识到这一点，将固定的教师作为学生获得知识、提升能力和激发潜力的起点。

（二）高校外语教学应该确定与时俱进的人才培养目标

高校的外语教学在"互联网+"的大背景下，应该及时响应社会和行业对人才的需求，以培养能适应社会变化的德、智、体、美、劳全面发展的人才。只有当高校的人才培养目标最终确定了，教师才能随时调整自己的教学设计和教学改革力度，互联网技术才能在高校的教学中更好地发挥作用。

（三）高校外语教学应积极转变教育理念

在互联网技术飞速发展的今天，外语教师更应该积极面对这种变化，要看到技术为教学的发展带来的益处。正是因为互联网的存在，学习者才可以突破时间和空间的限制，在网络空间当中获得更为丰富的教学资源和最新的信息，学生可以根据自己的个性化需求进行自主选择，这种教学模式的产生不仅对学生的学习有帮助，还可以为高校的外语教学建设提供技术支持，教学革新才会更快地推行下去。这项技术的发展有效地解决了我国外语教学资源分布不均和教学水平与教学质量发展不平衡的问题。在"互联网+"的大环境下，高校还可以安排学生充分利用课余时间进行网络选课、学生互评和人才交换等多项活动。

二、高校外语教师的教学新观念

高校外语教师是实施教学活动的主体，也是教学改革创新的主要承担人。为了更好地开展"互联网+"高校外语教学改革，教师应积极转变思想，调整心态，提升能力，转变自己的角色定位，更好地适应新环境、新技术所带来的变化。

（一）高校外语教师应转变主体地位的思想

传统的教学活动是以教学者为活动中心的，学生什么时间学习、学习的内容、学习的方式、学习活动维持的时间等教学活动都是由教师全权负责。在"互联网+"背景下的高校外语教学活动中，教师已经不再是教学活动的主体，其岗位工作由教育变为引导，由传道、授业、解惑者转变为学习者的向导、参谋、设计者、协作者、促进者和激励者。高校外语教师在"互联网+"背景下的高校外语教学改革活动中必须正确理解与学生之间的关系，加强与学生多维度、多渠道的沟通与交流。

（二）高校外语教师应转变教学思想

在传统理念中，人们总会把大学的教学活动联想成为大学教室里教师站在讲台上，利用多媒体播放教学课件，面对根据专业编制的班级学生，用粉笔书写本节课重要的知识信息。在教学过程中，教师、教材或者教师的讲义是整个课堂的核心，学生仅是知识的被动接收方。在高等学府的课堂上，教师讲什么，学生听什么，教师抛出问题，学生一同探讨问题，这样的场景是以往社会和家长对高等教育的认知。但是，时至今日，大数据挖掘技术、互联网技术和计算机研发技术的快速发展已经改变了人们接触社会、探索世界的方式和渠道。借着移动智能终端大规模普及的东风，人们更是可以随时随地地登录各类网站、微博、微信和五花八门的App来查询自己想要了解的内容。这样的方式，正是目前大学校园里莘莘学子最热衷的，进而也改变了高等教育办学和教学理念。从此以后，教师可以不必再受授课时间和地点的限制，既可以面对面地进行线下教学，也可以通过互联网实现线上的交流。在课程设计时，教师应充分考虑学生的主体身份，采取多种多样的授课方式，着重培养学生专业学科的基础知识、专业技能、创新和沟通能力等。

（三）高校外语教师应转变教学内容的组织

面对"互联网+"大环境给高校外语教学带来的新技术和新方法，教师应积极探索组织新的教学内容，适应整个社会、行业用人的新需求和新要求。在教学过程中，教师使用合适的教学方法，将专业信息转化为学生应掌握的知识，将职能转化为解决问题的智慧。除此之外，教师还应将学生应用能力和创新能力的培养转化为教学内容。为满足上述要求，高校外语教师在转变教学理念的同时，势必要转变教学内容，不断更新知识，提高自身素质，努力适应"互联网+"教育改革的大背景。

（四）高校外语教师要顺应时代发展潮流，不断与时俱进

随着时代的不断进步，高校的外语教师也应当跟随时代浪潮对自己的观念和行为做出调整，这样才能有效地保障教育质量和人才培养的质量，对人类文化的接续传承才是有帮助的，才能持续推动社会物质文明和精神文明向前发展。为此，一方面，高校的外语教师就必须在"互联网+"时代化的今天主动寻求改变，努力学习新技术和新知识、新理念。

从另外一方面来讲，学生对新知识和新技术的适应能力是非常快的，新技术可以为学生提供更多的学习资源和信息，拓宽他们的眼界和视野，并且学生对这些新技术是有一定的需求的。正是因为这样，教师应该去迎合学生（学习主体）的需求，主动去了解和学习这些高新科技，去了解各大知识库和数据库以及学习网站和App，将其进行转化并应用到实际的教学活动中去。

在高校外语教师实际的教学活动中，教师应该学会主动去把握住时机，发挥自身的主观能动性，将互联网技术融合进教学实践当中。那些掌握了现代化信息技术的教师可以充分发挥自身的优势，在网络平台上开放自己的课程，转变自己在教学活动中的角色，由知识的传授者变成引导者和促进者以及协调者。与此同时，教师还可以充分利用数据分析方法以及互联网相关技术来指导学生进行数据分析和资源整合，以摆脱现在面临的困境。学会用信息交流的App后还可以及时

与学生进行交流和互动，随时随地解决学生提出的问题，这样对学生的成长也是十分有帮助的。教师提升自身的过程也是资源整合的过程，在学习的过程中获得的大量资料，对课堂教学内容质量的提升也是十分有益的，可以帮助教师有的放矢地开展具有针对性的教学工作。

（五）高校外语教师应及时更新已有的教学观念

"互联网+"背景下的高校外语教学模式在促进高等教育发展的同时，也对实行教育改革的教师提出了更高的要求。这样的教学改革能否成功的关键要素就是实施"互联网+"教育的教师是否能及时更新已有的教育观念，树立全新的教学理念。正确认识"互联网+"背景下高校外语教学的教师能树立现代信息化教学观念，能通过互联网获取更多的专业知识，能利用互联网技术和信息技术将自身所建立的知识体系及时、准确地传达给学生。

（六）高校外语教师应该科学合理地对待学生的独特性和个性化

当代中国的青少年是带着互联网基因出生的一代人。因为物质生活的相对富足，这一代人拥有更多姿多彩的童年和自由奔放的少年时光。所以，当代的大学生身上有明显的独特性和个性化。高校外语教师应该充分理解他们开放的性格和更强的自学能力，科学合理地对待他们这样的性格和能力，结合"互联网+"背景下的高校外语教学的优势因材施教，教学相长。

（七）高校外语教师应该强化互联互通意识

"互联网+"背景下的高校外语教学冲破了教学工作的地域限制、学校限制、专业限制，给予高校外语教师教学改革和创新的无限可能性。面对不同地区、不同高校、不同专业的互联网教育教学资源，高校外语教师可以集各家之所长，加强与其他专业、其他高校的相互学习，将他人的教学优点、精品课程资源和先进教学经验融入自己的教学过程中。

（八）高校外语教师应强化终身学习意识

在"互联网+"时代，信息的传播速度加快，并且还是处在不断裂变的过程中，互联网体系也在不断进行信息的创造、优化与融合。因此，在科学技术不断发展的同时，高校外语教师就要与时俱进，树立终身学习的理念，这就是所谓的"活到老，学到老"，这样才可以最终实现高校制订的育人目标。

虽说互联网的持续发展对现代外语教学来说是具有很大优势的，但这种信息传播形式却在一定程度上削弱了高校外语教师在专业上具有的主体优势，这一点对高校外语教学而言也是不小的挑战。在这样的背景下，高校外语教师要不断完善和更新自己的知识体系，始终掌握专业的前沿动态，了解本专业的技能领域发展现状，实现本专业与跨领域专业相结合的专业新面貌，更好地展现外语教师在教学过程中的新姿态。高校教师只有不断进行自我改进、自我更新，才能在不断变化的时代浪潮中站稳脚跟，才能获得学生的喜爱与敬佩。

第二节 "互联网+"背景下高校外语教学形式创新

一、"互联网+"背景下高校外语教师创新教学形式

（一）高校外语教师应改进教学方式

在"互联网+"背景下，越来越多的高校开始致力于投入大量人力和物力建设智慧化校园、电子信息资源库，丰富数字化图书馆，改进多媒体教学设备和高端智能化实践教学系统等。面对教学环境的现代化和学生学习方式的科技化，高校教师应该具备与时俱进的新思维，不断学习新的信息技术，探索现代化的教学模式，开展信息化授课方法的探讨和研究。目前，我国大部分高校外语教学已经实现了教师在授课时带领学生使用教室提供的设备上网搜索书本上相关知识的拓展内容，完成课题研究参考文献的搜索，提高学生对本专业或本学科的学习兴趣。在更先进的教学环境中，教师利用教学系统端口进行课件的讲解和课堂互动、课后习题的批阅，学生可以利用实验室的电脑或者移动智能终端的 App 及时完成教学互动。当学生完成学习任务后，教师端口自动展示学生的作业情况和知识掌握情况，以此给予学生成绩。总而言之，高校外语教师可以发挥自己所有的想象，不再受到课堂、教材的制约。

（二）高校外语教师应转变教学场景

传统的高校外语教学是以课堂为场景构建起来的教学活动背景和氛围。在这

个拥有固定时间和固定地点的场景中，高校外语教师使用着固定的教材，面对一届又一届不同的学生开展教学活动。这样的课堂教学场景中，虽然可以将学生的注意力集中到教师身上，进行"说—听"方式的讲授，但是会影响师生两方面的热情和积极性。

1. 传统课堂教学场景的特点

传统课堂授课的场景具有明显的特点。第一，教师的教学目标相对单一，教师主要向学生传达考纲上应掌握的教材信息知识；第二，教学的知识来源相对单一，课堂知识主要源自教材和教学大纲，教材内容是相对固定的；第三，多为教师讲授，学生记录。

2. "互联网+"背景下的新兴教学场景具有明显的复杂性

结合工作和生活的实践，高校外语教师需依托"互联网+"的大背景，要求学生使用灵活多样的学习方法。第一，要求学生必须提前提交学习计划，保证自学内容跟自身的未来发展有着密切关系；第二，要求学生必须能独立寻找、分析和解决问题，以锻炼灵活运用知识的能力和解决实际问题的能力；第三，要使学生能脱离局限性的教材和各种纸质教学资料，创新地使用其他的方式涉猎多元化、多样化的知识和信息，积极展开思考；第四，互联网极大地扩展了教学资源的来源和范围，学生可以便捷地通过互联网获取各种各样的教学信息：一方面，可以通过在线课程获得国内外名校和知名教授的课件与授课视频，另一方面，也可以通过网络获得课程学习的各种辅助教学资料。

（三）高校教师应改变教学过程

教学活动的进行其实是一个学生认知的过程，学生将接收到的知识和信息进行再理解和再创造，也可以说是一个"二次认知"的过程，如果仅仅将教学理解为一个教师照本宣科的过程，那就大错特错了。

著名的心理学家布卢姆和约翰·安德森二人就曾经提出了一种人类认知活动的层次划分，这些认知活动可以根据层次的高低被划分为记忆层次、理解层次、应用层次、分析层次、评估层次和创造层次这六大类。可以明确的是，记忆层次和理解层次是属于较为低层次的认知活动，而后面提到的应用层次、分析层次、评估层次和创造层次是人类伟大智慧的一种体现。如果从理论角度出发，传统的教学活动涉及的正是记忆层次和理解层次这种较为初级的认知能力。例如，处在传统教学模式下的高校外语教师在课堂上讲授知识点，学生做笔记，就是一种初级的记忆理解过程；除此之外，教师还会布置一些作业、课堂练习或考试等，对学生知识掌握程度进行考察，检测学生能否灵活应用所学知识来解决问题。互联网技术的发展过程也是对教学流程的优化过程，丰富的教学资源库是教学质量提升的一大保障，这在优化教学资源配置的同时又保障了正常的教学考核工作的开展。具体的教学流程可以大致概括为以下三部分：

1. 课前准备部分

在课前学生对教师预留的教学视频、网络微课、相关电子文献等资料进行自学，完成对知识的低层次认知，达到记忆和理解。这是教师讲解和传递显性知识的环节。

2. 课中讲授环节

在一定的学习基础上，教师和学生展开深入的讨论，运用记忆和理解的知识来分析和解决问题。这样的师生互动方式可以加深学生对专业知识的理解，并进一步实现了对知识进行分析和应用的高层次认知，有效地完成了隐性知识的创造和传递。

3. 课后总结部分

在完成专业信息的认知过程后，教师将会指导学生通过练习来巩固已有的学习成果，最终可能实现对知识的创造性认知。利用互联网的传播媒介，有效地缩短教学过程，精化教学流程，可以达到节省时间、加强师生互动的双重目的。在这样的自学、教学、讨论、自我思考的过程中，学生可以潜移默化地接受新的知识，并能融会贯通，灵活运用学习的新知识。与此同时，高校教师达到了提炼更新、优化升级所需教授的新知识，实现学生个性化学习需求的双重目的。

（四）高校教师应该敢于尝试多样化的课程教学模式

高校外语教学改革在互联网技术的支持下不断发展，其中融入的信息云技术、大数据技术和多媒体制作技术等，可以帮助高校实现教学改革目标和人才培养质量目标。

与此同时，移动手机 App 和校园教学网络平台的兴起也帮助高校外语教师有效提升课堂教学效率和教学质量，如得到广泛应用的慕课、微课、翻转课堂、模拟软件、虚拟现实等多样化的课程教学模式都是提升自主学习积极性的有效途径和手段。例如，如果在课堂上应用弹幕教学模式，学生在上课时就可以利用自己的移动设备随时向教师进行提问或发送答案，教师还可以根据学生的实时反馈来调整自己的教学内容和教学计划。

（五）高校教师应该适应师生互动的新关系

在传统的高校外语教学模式中，作为教育活动主体的高校外语教师及其强调对研究领域知识的传播和承接，师生关系的角色地位和职责任务非常明确。教师就是传递知识的信息源，学生就是知识的信息接收方。在这个信息传递过程中，教师是主导者，能有效支配作为客体的学生。

在"互联网+"背景下高校外语教学模式的变化过程中，师生关系的改变非常明显。首先，师生之间的信息掌握程度出现了明显的变化。依赖于互联网信息技术的出现和发展，学生对信息的掌握出现了一定的主动权。在教师没有详细讲授的情况下，甚至在高校外语教师还没有明确布置教学认知任务的时候，学生就可以利用互联网和电脑、智能手机或者其他移动智能终端自发索取相关信息，拥有和教师对等的知识关系。例如，在"互联网+"背景下，面对学习的知识体系，学生可以预先搜集信息，了解案例的情况和针对该案例的各家所言。其次，就是高校教师与学生的地位关系发生变化。

教学活动中师生关系的变化还体现在师生在教学活动中角色的转变。在"互联网+"背景下，高校外语教师变成了教学活动的设计者和引导者；学生变成了高校外语教师的合作伙伴，是教学活动中强有力的反馈者。在教学实践的过程中，师生之间的关系也变得更加和谐与融洽，师生之间的关系和地位更加平等，从而实现了一种师生互动、教学相长的良性互动局面。不仅是角色，师生所承担的职责也发生了转变。在虚拟的网络教学空间中，教师承担的不再仅仅是组织和实施教学活动，还引导学生查找学习资料和帮助学生构建思维体系，进而可以有效帮助学生培养分析和解决问题的能力。学生在全新的教学网络空间中也不再仅仅是枯燥地完成测验和学习知识，在教师的引导下可以逐步提升自己的信息收集、甄别和整理加工的能力，并且逐步养成分析问题和解决问题的能力。

(六)高校外语教师应该创新课堂管理方法

不同于课堂教学活动,互联网世界的教室仿佛是没有门窗的房间,学生在虚拟空间学习的时候可以任意遨游。那么,这个时候的学生最大的问题就是注意力集中性较差,自控能力比较弱。因此,高校外语教师对课堂的管理方法就应该与时俱进,选择适合当代大学生性格特点的方法,张弛有度。在"互联网+"背景下的高校外语教学管理模式中,高校外语教师既要保证自我的专业权威性,对学生在课堂上对互联网的使用要严格控制,还要积极发挥个人的性格魅力、文化素养和科学的教学管理能力,鼓励和控制学生专注于学科教学活动,形成以人为本的互动式学习课堂。

二、"互联网+"背景下高校学生应创新学习形式

(一)学生应该转变传统的学习方式

记忆和理解在传统的高校外语教学模式中占据教学的绝大部分,学生对知识的掌握就是在不断地记忆和理解中重复。这种传统的高校外语教学模式与中小学的学习方式是没有明显差别的。显然,这种学习方式是缺乏对学生发现能力、探索能力、思考能力和创新能力的训练。因此,"互联网+"背景下的外语教学模式必须将学生主体地位的提升放在第一位,着重培养学生学习的能动性和独立性。

第一,要求学生在自主学习过程中加强自身的管理,自觉扫除一切干扰学习的因素,能在明确的学习区域、固定的学习时间,按照既定的学习计划实施学习活动,进而养成固化的学习习惯,树立终身学习的意识和观念。第二,要求学生树立团队协作意识,强化互助合作学习方式,利用互联网媒体组成随时随地任意交流的网络学习小组或者微信学习群,积极参与学校各种学习团队,提高学习质量。第三,要求学生必须掌握搜索、分析和鉴别网络电子信息资源的能力,能科学地制订学习计划,运用适合的学习工具完成主动学习活动,还能根据既定学习目标来归纳和总结自身的学习成果、存在问题等,并且将存在的问题和探索的结果与教师进行沟通,寻求解决。这样的自主学习方式可以有效巩固学生的学习成果。

（二）学生应该树立"互联网+"新学习理念

"互联网+"背景下的高校外语教学改革模式实施的前提是师生具备同步的、先进的学习理念。只有树立了新学习理念，才能通过课堂教学和自我学习的方式完成专业学习的任务。同时，学生必须充分理解"互联网+"教育的意义和对高校教育改革的重要性，更要重视其对学习方式和思维变革的重要促进作用。

（三）学生应该充分利用课堂学习巩固专业基础知识

在"互联网+"背景的影响下，高校外语教学改革模式的探索空间非常大。尽管如此，我们也不能否定课堂教学对高校外语的专业知识学习途径的核心作用。在不断引入"互联网+"的教学新手段、新方法、新资源的情况下，学生不能本末倒置、顾此失彼，甚至忽视课堂教学的重要意义。学生必须充分利用课堂，巩固专业知识。

（四）学生应该利用数字化图书馆拓展知识领域

在互联网技术迅猛发展的大环境下，高校外语教学的数字化资源建设工作也得到了学校各个部门的重视和认可，尤其是数字化图书馆的建设和发展。高校图书馆在文献的系统管理和检索系统等现代信息化数据管理技术的支持下，已经实现了资源库和文献库的电子资源转化，这种技术的引进有效帮助了高校图书馆突破时间和空间的限制，实现了电子文献资源的在线查阅。数字化图书馆的建设和发展可以有效帮助学生更好地、全面而立体地掌握学科知识体系，当学生在学习过程中遇到无法解决的困难和问题时，可以进入数字化图书馆随时随地进行查阅，以实现学生的自我学习和自我提升。

（五）学生应该利用移动终端设备灵活学习知识

今天，在我国的各大高校中，智能手机、平板电脑、移动电子书和笔记本电脑等设备已经屡见不鲜。学生会选择一种或多种设备登录网络，以获得更多的知识和想要了解的信息。

（六）学生应该掌握分析和归纳数据信息的能力

在"互联网+"的大背景下，当代的大学生拥有了比以往学生更为广泛的知识数量和更为复杂的知识获取渠道。但是，获取到的知识有真有假，有的是对专业学习十分有帮助的，而有的显然缺乏实际的应用价值。因此，当学生在面对海量的学习资源和信息时，应当具备处理、鉴别和归纳信息的能力，对这些信息去伪存真，准确找到自己需要的那部分。

第三节 "互联网+"背景下高校外语教学保障措施

"互联网+"背景下的高校外语教学改革是一种全新的形式，在不断加大改革力度和深入实施的时候，为避免制度滞后、界限模糊、制度无效或制度冲突等现象出现，一套完善的保障制度必不可少。高校要负责总体把握建设思路，加强"互联网+"背景下智慧化校园的基础条件建设。这要求高校管理者应该正确认识到互联网技术、现代化信息技术对高校发展和教学改革的重要意义和作用，进而将智慧化校园的建设作为高校发展的重点工作来实施开展。与此同时，高校还应做好后勤、管理、教务等工作的统筹协调，从行政上保障信息化教学的顺利开展。

"互联网+"背景下智慧化校园的建设是在云技术服务平台的基础上开展的，因此，必须对教学的管理任务和服务任务进行整合，进而逐步实现信息化转变。具体工作包括：高校通过互联网技术和现代信息化技术进行信息的收集，为教学管理工作和考核部门制定保障制度提供相应的依据；在此基础上，高校教学管理和服务部门建设科学合理的"互联网+"背景下的高校外语教学模式的基础条件，并制定完善的保障制度和教师教学改革效果考核的标准。

一、技术硬件方面的制度

（一）"互联网+高校外语"教学改革的硬件投入

"互联网+"背景下的高校外语教学改革是需要高校的管理者在教学硬件设备配置方面投入一定资金的，以计算机和投影仪为代表的教学设备，可以说是基础中的基础。从目前的状况看来，类似慕课和翻转课堂等十分受师生喜爱的教学模式都是以优质的硬件设备为基础建设起来的。因此，为保障"互联网+"背景下的高校外语教学改革顺利进行，高校的有关部门就需要加大在这方面的投资力度，以保证教学硬件设备能顺利更新和完善。不仅如此，高校对网络在线教育平台和配套应用的建设也是需要加强的，甚至后续还可以将大数据技术融入网络学习平台的更新和完善当中。这些举措的实施可以有效地对学生的学习状况进行全过程的监控，通过分析学生的个性化表现来对外语教师的教学改革提出更有针对性的建议。

（二）互联网络的基础设施建设

在进入 20 世纪之后，计算机技术快速发展，互联网普及，高校的计算机硬件设置配备基本完善。在新时代"互联网＋"背景下的高校外语教学改革是按照网络课堂的标准，对多媒体教学设施、无线网络、数字化图书馆、移动接收设备等基础设施方面增加投入，为"互联网＋高校外语"教学改革提供保障。其中，高校外语教师利用智能终端设备开展教学改革，需要在校园各个部门全面推动数字应用，重视网络信号的覆盖以及网络的稳定维护和安全防范问题。在智慧化校园网络建设的过程中，首先，要加快基本教学使用硬件设备的更新，有效保证智慧化校园网络的高使用率；其次，为保证校园网络的稳定性，校园各个部门的网络设备可以进行串联，提高无线网络的覆盖率和使用率，降低学生参与"互联网＋高校外语"教学改革的使用成本。

（三）"互联网＋高校外语"教学信息分析技术的发展

高校的外语教学要想把控住"互联网＋"时代下的教学改革效果，就要充分利用云服务、大数据技术、校园图书馆电子资源等技术来完善和改进教学改革的管理流程和方法。同时，将这些现代化信息技术、互联网技术、云服务、大数据分析技术等融入实际教学的各个环节当中，帮助教学改革持续向前推进。

（四）积极组建"互联网＋高校外语"教学改革的服务团队

在高校外语教学的过程中虽说要充分利用新兴的互联网技术，但高校的外语教师由于专业领域的限制，对互联网技术的相关学习能力是十分有限的，这在一定程度上也阻碍了"互联网＋"背景下的高校外语教学改革进程。由此看来，高校外语教学需要一支专业的"互联网＋"教学改革服务团队提供技术和操作方面的支持，这样外语教师就有更多的时间和精力投入到教学内容和课堂的组织开发当中了。

二、教师培训制度

"互联网+"背景下的高校外语教学模式与传统的教学模式之间有很大的差异。教师如果想适应新的挑战，必须始终保持自我学习的状态。由于高校外语教学的特点，对教师的外语专业领域学术能力要求比较高，但对其他方面的能力并没有更多的要求。因此，大部分高校外语教师对计算机语言、一般的网站制作、网页制作、网页设计、计算机程序设计及其他有助于"互联网+"教学必须掌握的技术和知识都比较缺乏。高校在"互联网+"背景下实施教学改革活动时，应该制定完善的教师培训制度。

（一）树立培养"互联网+"教师的教学能力的制度

为了使高校外语教师正确认识使用计算机技术和互联网网站、网页来辅助教学的重要性，高校应面向全校外语教师开展相关的职业教育培训。这项培训的主要目的是让教师认同职业教育在高等教育体系中的重要地位，主动学习国家先进的教育理念，结合个人专业特色来确定本人的教育目标、内容和责任。在此基础上，进一步在"互联网+"对外语教学改革和提高人才培养质量的促进方面展开培训，这样教师可以更加明确高等教学领域的发展方向。

（二）制定科学系统的"互联网+"教学改革培训制度

要想让高校的外语教师能切实掌握"互联网+"教学改革的专业知识和技术，高校就应该制定出一套科学的培训课程体系。这个课程体系主要由三部分组成：首先是基础知识和技术课程的部分，其中包括办公软件系统、智慧化校园、教学设备、互联网信息检索与获取、"互联网+"教学建设等；其次是互联网设备的使用和维护的相关课程，如多媒体教学系统、教务管理系统、投影机和电子黑板屏幕等；最后是高校教师电子教学资源库的建设课程，其中包括电子课件、微课、教学素材、慕课等学习资源的制作。

（三）制定鼓励教师开展"互联网+"教学改革奖励制度

在实施"互联网+"高校外语教学模式的过程中，高校应该制定鼓励教师开展"互联网+"教学改革奖励制度，以激发教师的热情。首先，在校内培训过程中，对学习效果较好或已经实施教学改革初见成效的教师，给予一定的奖励，并组织经验交流和指导座谈会；其次，鼓励全校教师积极参与高校之间的交流会或者参加相关专业的培训课程，组织教师到那些创新教学设计、教学模式的兄弟院校参观、学习和交流，探索适合当下教学的学生培养模式、教师培养模式；最后，高校举办"互联网+"信息化教学比赛，或者鼓励教师积极参加社会举办的类似比赛，达到以赛促教的目的。

三、高校信息中心辅助

要想让高校外语教学改革能在"互联网+"背景下顺利实施，高校的信息中心要根据具体需要来建设相关的辅助平台或寻找相关途径来获得其他技术的支持。

（一）课程教学平台的建设制度

高校信息中心需根据国家所颁布的关于慕课、微课等制定的相关技术标准进行高校外语课程教学平台的建设，教学平台主要包括课程教学平台自身的搭建和课程教学平台的运行环境。高校信息中心还需根据实际情况定期对教学资源进行更新，这样的课程教学平台有高效和安全的特点，能充分满足师生对网络学习平台的个性化要求。

（二）在"互联网+"的背景下丰富教学资源

在互联网技术十分发达的今天，我国绝大部分的公共办公区域和家庭都可以做到信号全覆盖，无论是2G、3G、4G、5G，还是Wi-Fi网络信号，人们随时随地都可以接触到网络。高校的外语专业师生可以在网络上找到自己需要的教学资源或资料。除此之外，还有许多初具规模的在线教育产品和教育平台，其中的教学资源都有很高的实用性。

（三）建立多维的学习空间

随着智能移动设备的普及，移动学习终端也发展起来，师生可以在生活间隙通过手机上的教育类 App、微信订阅号、搜索引擎等途径来访问获得教学资源。与此同时，高校还建立了图书馆微信公众平台等，师生只要扫描图书的二维码就可以浏览到相关的书籍信息。这些移动互联网技术已经在校园中非常普及，成为高校学生的主要交流和互动途径，让学生随时随地都能学习。

（四）使用"互联网＋"的自律性培训制度

当面对海量的信息资源，学生信息素养的提升就显得尤为重要了。对外语专业的学生而言，以下三种处理信息的能力是他们必须具备的。首先是学生对信息的把握程度；其次是学生获取和处理信息的能力；最后是学生主动学习和自律的能力。不仅如此，学校还需要及时开展相关的网络安全自律意识教育，让学生自愿遵守网络行为规范，从而正确、文明上网。

第四节 "互联网＋"背景下高校外语教学效果评估

效果评估体系是目前我国高校外语教学活动的风向标和指挥棒。一方面，作为一门课程的主体，教师在设计教学效果评估标准时，主要关注学生在课堂上的表现和考试得分；另一方面，高校对这门课程授课教师的评估标准是以课程学时数量和学生对教师的教学水平评价打分为主。这样的教学效果评估标准是无法如实衡量教师在"互联网＋高校外语"教学改革中的工作绩效，也无法判断学生在课前自学、课堂表现和课后反馈的投入度，无法了解学生对知识的记忆情况和对技术的熟练程度。因此，为适应"互联网＋高校外语"教学模式的效果评估需要，应建立从简单的关注结果性评估过渡到过程性评估，要与结果性评估相辅相成的教学效果评估体系。

对教师的教学效果评估。对教师进行的教学评估应当是教学与科研并重的，在考核过程中不能仅仅关注教师的课时完成度和学生对课程的满意程度，同时还应该注意师生之间是否存在良性互动，这些互动是否存在价值，是否能够给予不同学生具有针对性的评价，是否能根据学生的反馈及时对教学计划和内容提出改进措施等，这些方面都是需要受到重视和关注的。

对学生的学习效果评估。在"互联网+"的教育背景下，对学生学习效果和质量的评估也应当是与时俱进的。新时代的学生评价体系应该是全面的，可以简单概括为"四位一体"式的评估，就是将学生的学习动机、学习态度、学习过程参与程度和最终的学习效果结合起来考虑，在传统的考试成绩考核和学分考核的基础上展开的评估。这样的学生评估制度可以全面地评价到学生的信息收集能力、沟通交往能力（团队作业）、社会实践能力和创新创造能力（论文、课题）等。

第六章 "互联网+"背景下的翻转课堂教学模式

　　本章主要从翻转课堂概述、"互联网+"背景下高校外语翻转课堂的教学定位、"互联网+"背景下高校外语翻转课堂的教学工具、"互联网+"背景下高校外语翻转课堂的组织实施、"互联网+"背景下高校外语翻转课堂的教学评价以及教学案例等几个方面对高校外语翻转课堂教学模式进行阐述。

第一节　翻转课堂概述

一、翻转课堂模式的历史溯源及定义

（一）翻转课堂模式的溯源

翻转课堂有深远的历史渊源。下面从中西方两个方面来分析翻转课堂模式的历史渊源。

1. 翻转课堂模式在中国的历史渊源

2500多年前，孔子所施行的教学中就已出现先学后教的教学理念和方法。

（1）孔子在《论语·为政》中就曾经提出"温故而知新，可以为师矣"。

（2）孔子在《论语·述而》中提出"不愤不启，不悱不发。举一隅不以三隅反，则不复也"，即启发式教学。

（3）孔子在《论语·卫灵公》中提出"不曰'如之何，如之何'者，吾未如之何也已矣"，即说主动学习在教学中的重要性。

（4）孔子在《论语·雍也》中提出"知之者不如好之者，好之者不如乐之者"的观点，即倡导主体自身对学习产生浓厚的兴趣，这是求知识、做学问的一种理想境界。

（5）孔子的"学而时习之"（《论语·学而》）、"三人行，必有我师焉"（《论语·述而》）等反映了他注重在实践中学习的观点。

（6）孔子在《论语·卫灵公》中提出"可与言而不与之言，失人；不可与言而与之言，失言。知者不失人，亦不失言"，这一观点体现出孔子在教学中善于通过适时抓住关键点来调动弟子们的主体作用，同时体现了学与思的有机结合。

除了以上孔子的言论，中国当代同样有类似翻转课堂的教学方法，如魏书生的预习方式等。不过与翻转课堂不同的是，由于没有云学习、云教育的条件，这些学生在课下无法使用微视频进行学习。

2.翻转课堂模式在西方的历史渊源

翻转课堂在西方的发展历史是十分悠久的,下面将具体进行展开论述。

翻转课堂在古希腊时期初现端倪,当时苏格拉底和柏拉图就曾使用过启发式和讨论式的教学方法,这就是翻转课堂教学模式的雏形。

近现代时期,西方心理学家和教育家就曾提出过许多教学新形式,如裴斯泰洛齐的主体性教学、皮亚杰的建构学习、维果斯基的"最近发展区"等,都对翻转课堂的形成起到很大的帮助。

20世纪90年代,哈佛大学的物理学教授埃里克·马祖尔创立了一种同辈互助的教学模式,他将这种教学方式主要分成了两个部分,分别是知识的传递和知识的吸收。在经过大量的实验后,人们惊喜地发现这种同辈互助的教学方式可以有效地将知识进行内化吸收,学习的正确率也有所提升。除此之外,马祖尔教授还在知识传递的过程中引入了计算机辅助教学,他认为教师在教学中扮演的角色在高科技的辅助下会得到改变,知识的内化变成了重点,"演讲者"的身份也变成了"教练"。

2000年,美国的特蕾莉亚在发表的论文《翻转课堂:建立一个包容性学习环境的途径》中提出,美国迈阿密大学开设的"经济学入门"课程就采用类似"翻转教学"或"翻转课堂"的教学模式,这是一种激活学生差异化的教学模式,可以有效适应不同学生的个性化学习风格。杰里米·斯特雷耶在其2007年发表的博士学位论文《翻转课堂在学习环境中的效果:传统课堂和翻转课堂使用智能辅导系统开展学习活动的比较研究》中也曾论述了翻转课堂在大学中的应用。

综上所述,翻转课堂教学模式的引入已经让传统的教学方式发生了前所未有的转变,学生成为教学活动的主体,个性化的教学平台也在翻转课堂中得到了广泛的应用,这对学生自主学习意识和协作能力的培养是十分有帮助的。但有一点是我们始终要明确的,没有一种教学模式是完美的,它们都有一定的不足。

(二)翻转课堂模式的定义

在了解了翻转课堂的历史渊源后,就可以来了解一下翻转课堂的具体概念。翻转课堂又可以称之为"颠倒课堂",其中包含的教学过程主要有两大阶段:一部分是知识传授,另一部分是知识内化。在传统的教学模式中,知识的传授过程是在课堂上由教师作为传授者来进行的，而知识的内化过程往往是学生通过完成作业和具体的实践活动来实现的。在翻转课堂的教学模式中，教师在其中只是起到一个引导者的作用，在课前将预习内容布置下去，学生利用互联网资源进行知识的获取，然后在实际的课堂上与教师进行讨论和互动，最终完成学习任务，将其内化为自己的知识。

翻转课堂模式这个定义最终是由美国人萨尔曼·可汗提出的，他首次利用网络视频进行授课就大获成功。因此，也可以将萨尔曼·可汗认定为翻转课堂模式的创始人。

随着互联网技术的不断发展，翻转课堂教学模式近年来在国内教育界也掀起了一阵狂潮。翻转课堂作为一种全新的授课方式是对传统教学模式的一种颠覆，对我国高校和外语教学以及学生自身的学习和成长是十分有帮助的。虽说翻转课堂中引入了网络学习资源，但其本身并不是一种在线教学课堂，它改变的主要是师生之间的互动和交流方式，课前的教学视频是不能代替教师本身的，但这也为学生的个性化学习提供了更为广阔的空间，对学生自身的成长是十分有帮助的。

最初教育体系的建立完全是为了满足工业发展的需要。1899年，美国教育专员威廉·哈里斯就曾在各大高校中提倡展开机械教学模式，但这一模式使得学生变得"中规中矩"，这显然是与当时的经济和文化发展速度不符的。所以，只有对学校的教育体系进行革新，高校教育才能跟上时代的步伐。换言之，新兴的教学模式逐渐将源自工业时代的机械教学模式代替了。

在传统的教学模式中，知识习得往往是需要经历三个阶段的，分别是知识讲授、知识内化、知识外化。在课堂上完成知识传授，在课后完成知识的内化过程。随着技术的不断发展，学生可以利用在云教育与云学习技术支撑下的"云课程"展开教学，这样既可以保证师生之间的正常交流，也可以保证学生的知识能得到进一步深化。简而言之，课堂的翻转就是由先教授后学习转向先学习后教授。

综上所述，翻转课堂模式是对传统教学模式的变革，师生及教学方式在教学过程中都发生了质的改变。

二、翻转课堂的教育理念

翻转课堂作为一种教学的手段，打破了传统的教学方式，只要有网络和视频终端的地方都可以进行学习；有利于学生根据自身知识掌握情况进行反复观看学习，实现了学习的自由复制。从本质来说，翻转课堂翻转的就是理念。

（一）以学生为中心

翻转课堂翻转了师生角色，教师在教学过程中的主体地位转换为主导地位，学生从被动接受知识变为主动获取知识，学习不再受时间和空间的限制，活跃了课堂气氛，成为师生互动、交流、培养素养的场所。在翻转课堂中，比起学生获取知识的情况，教师更重视培养学生的能力。

（二）以教师为引导

传统课堂上，教师一直都是知识的传播者，学生是被动的接收者。而在翻转课堂中，学生成了课堂主角，教师也从知识传授者变成了学习的引导者，有针对性地对学生进行个别辅导，提供必要的支持。翻转课堂的教育理念就是让教师成为引导者。

（三）教学流程的人性化

教学应该包括知识的传授和知识的内化，翻转课堂中真正实现了教学流程的颠倒，这种颠覆更人性化。学生在课前利用网络自主学习微课，接受知识的传授，课堂中教师因材施教，设计一系列相关的教学活动，帮助学生更好地掌握新知识和新技能，使学生实现知识的内化。

三、翻转课堂的特征

20 世纪 50 年代，人们就已经开始对视频教学的探索了，如许多国家已经开展的广播电视教育。翻转课堂与广播电视教育相比有以下六方面优势：

（一）教学视频短小精悍

教学视频具有的共同特征就是短小精悍，这些视频的时间都是设置在学生注意力较为集中的范围内，一般是在十分钟左右，特殊的也不会超过二十分钟。翻转课堂中教师录制的视频还十分有针对性，一个问题对应一个视频，既符合学生的学习习惯和身心特征也方便学生随时进行查找。同时，翻转课堂中的教学视频还有反复观看的功能，可以随时进行暂停和回放，可以帮助学生自主学习。

（二）教学信息清晰明确

翻转课堂中的视频传达出的教学信息十分清晰，与传统的教学模式相比，没有那些会分散学生注意力的因素，如物品摆设和教师头像等。这类教学视频的录制采用的基本都是一对一的形式，所以对录制环境的要求是十分严格的，不能有干扰环境的因素出现。

（三）学习流程重新建构

翻转课堂表现出的最明显的标志就是教学流程的变化。在翻转课堂的教学模式中，学生的学习过程可大致分为两个阶段：

（1）信息传递。主要指的就是知识的获取，是观看教师录制的视频进行自主学习的过程。

（2）吸收内化。吸收内化的过程在传统的教学模式中通常是由学生在课后自主完成的，但在翻转课堂的教学模式中却相反，这个过程被放在课上完成。课下学生通过提前预习将问题带到课堂上来，教师针对学生的问题进行有针对性的解答。吸收内化的过程不仅能促进师生之间的交流，还能拓展学生的学习思维。

（四）师生角色重新定位

在翻转课堂教学模式中，不论是教育与信息技术的深度融合，还是教学流程的翻转，都使教师和学生的地位发生了较大的转变。学生从被动接受知识，逐渐转变为学习过程的主体和中心，教师从知识的传授者转变为学习的设计者和推动者，是决定翻转课堂的关键因素。

（五）对信息技术依赖程度增强

翻转课堂的学习依赖信息技术的支撑。设想一下，如果学生在学习的过程中没有了网络或是缺乏相应的技术支持，那么就很难与教师取得联系，无法得到相应的帮助，这样势必会影响学生的学习效果。无论是教学课件或是视频，都必须在一定技术的支持下才能传递出去。不仅是学习过程，学习效果的检测也离不开信息技术，这也对高校教师的信息技术的掌握能力提出了更高的要求，需要他们不断地提升自我。

(六)复习检测方便快捷

在翻转课堂的每个教学视频后基本都会设置四到五个相关的问题,这些问题可以帮助学生对自己掌握知识的情况进行把控,对在学习过程中遇到的重点或难点等是可以进行反复观看的。与此同时,网络学习平台可以将学生的问题解答情况进行汇总,以便学生在课后进行复习,也方便教师掌握学生目前的学习状况。

教学视频也是学生复习和巩固的一项强有力的工具。

由于翻转课堂具有的上述这些优势,所以受到师生的关注,这种教学模式对学生的学习而言是十分有帮助的。

四、翻转课堂教学的主要任务

翻转课堂教学的主要任务其实不是对知识的传授,而是对学生能力的培养,它侧重的是学生对知识的应用,也就是所谓的"学以致用"的能力。

(一)培养有层次的能力

课堂教学中能力的培养主要可以分为以下六个层次,分别是识记与知道、理解、应用、分析、评价和创新,它们之间是有一定的层次和递进关系的。

(1)识记与知道能力是指培养学生识别和记忆的能力。

(2)理解能力是指培养学生对事物解释、分类、说明和比较的能力。

(3)应用能力是指培养学生进行实践的执行和实施能力。

(4)分析能力是指能对事物进行区别、组织、归因的能力。

(5)评价能力是指通过对事物的了解,对其进行检查、评析并根据标准做出判断的能力。

(6)创新能力是指创新、策划以及做出最后成果的能力。翻转课堂会根据学生特点,逐步培养出具有不同建构层次的综合能力。

(二)提升主观能动性

翻转课堂是一种将学习活动的主体真正归还于学习者的教学模式,最大的优点就是令师生之间和生生之间的关系更加紧密了,这也是学生发挥了主观能动性的一种体现。

在现如今的翻转课堂教学模式中，传统的教学活动都被集中到了课下进行，如学生利用教师提供的资料进行自主学习等，学生的主观能动性便能得到更好发挥。

（三）转变学习态度

翻转课堂本身的教学环境是基于学习问题而存在的，虽然教师通过在课下为学生提供多样化的学习资源，给学生的自由化发展提供了空间，但也在无形中给学生增添了不小的压力。

教师将以往在课堂上的讲授环节和练习环节都转变成为教学视频和学习问题，并且这些课下学习活动的进行都是在没有外界干扰的环境下进行的，这时课业带来的压力就会转变成学习带来的动力，从而转化成为学习者自身的意志力，这对学习者自身思考能力、创新能力和实践能力的提升都是有帮助的。

第二节 "互联网+"背景下高校外语翻转课堂的教学定位

一、翻转课堂的关键

对传统的课堂教学而言，学生主要在课堂上学习知识，在家中内化知识。而翻转课堂则不一样，学生主要在家里学习知识，在课堂上内化知识。

（一）翻转课堂的教学结构

翻转课堂颠覆了教学结构，在课外学习外语知识，在课堂上内化外语知识。一般来讲，可以将内化的方式分成以下几种：作业（语法、词汇、翻译、听力等）、口语情景对话、协作探究等。教师在学生"内化"的过程中，始终扮演着引导者的角色。

传统课堂教学与翻转课堂在教学结构上有着较大的区别，翻转课堂让学生在家中可以有一个自定进度的学习时间，以便在原有基础上根据自己的接受程度进行学习。

（二）翻转课堂教学的人性化学习

翻转课堂之所以能在全世界受欢迎，离不开其人性化的学习理论。一般来讲，人性化的学习理论包括以下两个方面的内容：一是让学生根据自己的步骤学习；二是教师给学生进行一对一的个性化指导。人性化的学习方式，使学生在学习中获得成就感与认同感，自我价值得到肯定。

（三）翻转课堂教学的个性化诊断

不同的学生掌握同样的学习内容需要的时间是不一样的，当学生不知道问题出在哪里时，再学习新的知识将增加他们的困惑。翻转课堂的个性化诊断与学习体系，通过进阶练习题训练，出示学习诊断报告，可以系统剖析外语学习的易错点，给出可行性方案提高外语学习成绩。

二、翻转课堂的目标

如何有效保护学生的差异性，并借此为学生提供有针对性的帮助和指导，是困扰着教育工作者们的一个难题。翻转课堂的最终目标就是让学生成为最好的自己。

首先，翻转课堂这种"先学后教"的教学模式为学生的学习提供了相对公平的空间。尽管学生之间的差异性是客观存在的，但在这种模式下，学生在课前就掌握了基本的外语知识，就算他们在这期间花费的时间和精力不同，采用的方法可能也是不同的，但他们在课堂上都有了发言的权力和能力，"沉默者"的角色将会很少出现，而这些之前的"沉默者"们也在这种教学方式下逐渐找回自信。这也凸显了翻转课堂最初实施的目标，就是让每一名学生成为更好的自己。

其次，学生在这种教学模式下给予教师的反馈是十分及时的，也就促使教师的教学内容和计划可以根据反馈及时进行调整，极大地提升了外语教学的针对性。对那些在学习上存在问题比较多的学生，教师也可以在课下进行针对性的辅导，使得这些问题能逐渐得到解决。同时，对学生而言，如果在网络课堂上遇到没听懂或没学会的东西，还可以在教学平台上求助多名教师，寻找真正适合自己的课程。

三、翻转课堂的追求

微视频学习是翻转课堂实施的前提。翻转课堂是为了解决微视频学习不能解决的问题，如师生之间和学生之间的讨论交流、在此过程中的碰撞与深化、情感与心灵的交融、理想信念价值观的确立等，翻转课堂的追求是无止境的。

（一）翻转课堂和传统课堂的碰撞

翻转课堂教学模式的创新在于破除传统教育中落后的教育观念和教育方法，因此，教师传统的教育观念急需进行转变。不仅如此，外语教师还需要具备很高的信息技术素养，如录制微课和编辑视频等。同时，翻转课堂对教师的综合素养要求也是十分严格的，不仅要能很好地把控住课堂的教学节奏和进度，还要用自身具备的丰富的知识吸引学生向更广阔的世界探索。

（二）翻转课堂和传统课堂的对接

翻转课堂不仅仅是一种全新的教学模式，还对传统的课堂教学方式和思维方式进行了转变。

翻转课堂的实施是需要从学生、学科、技术、师生能力和教学评价等多方面来入手的。翻转课堂和传统课堂的对接从现阶段来看还是有一些问题的。从教师能力的角度来看，是教师如何组织和实施翻转课堂模式下的外语教学；从学生能力角度来看，是学生能否在课下进行自学以及在课上能否及时有效地和教师进行互动和交流；从教学评价方式的角度来看，翻转课堂评价的方式和标准如何界定；从学科的适用性角度来看，翻转课堂适用文科还是理科；从学习的时间安排上来看，翻转课堂的学习时间主要安排在课后，而答疑解惑的时间是安排在课上的，这与传统的教学模式是完全相反的。

（三）翻转课堂在探索中的质疑

如今，在我国的高校外语教学中，仅有部分高校实施了翻转课堂教学模式，我国的翻转课堂教学模式还处于起步阶段，亟待探讨并解决一些问题。从学生的角度来说，翻转课堂模式是否真正做到了因材施教？从教师角度来看，学校的老师是否具备相关的专业素质？从家长的角度来看，翻转课堂的教学效果如何去量化？翻转课堂的局限性还在于多种不同的课型如新授课、复习课等，很难确定教学目标；受学生学习内驱力的限制，课前如果不自学，那么课堂就会成为"空中楼阁"；随着课堂起点的提高，学生之间的差距可能会不同程度扩大。除此之外，学生的自我管理、自我组织等需要较高的学习热情和较强的自我控制能力，这是学生必须面对的一大挑战。

（四）翻转课堂在质疑中不断发展

在我国，地区之间、城乡之间还存在着差异。因此，我国翻转课堂的实施必须要尊重差异、稳步发展。如欠发达地区的学校，可以通过翻转课堂学习著名高校、著名教师的成果，还可以通过微视频享受到高质量的教育资源。

捷克著名教育家夸美纽斯的《大教学论》中说，一个教师可以同时教几十名学生的班级授课制一直沿用至今，而将世界上最优质的教育资源传播到地球上每一个角落的微视频资源使传统的教育方式产生了革命性的变化。微视频资源使世界各地都能享受高质量的教育资源，这些资源是移动的，可反复学，可任意地点、任意时间段学。

运用翻转课堂还可以帮助学困生和其他不能到课堂上课的学生。如果把每门学科的核心内容都转化为共享的教育资源，那么普通学校的学生就可以获得与优秀学校学生一样的高质量的教育资源，这将极大地减少教育的不公平现象。

第三节 "互联网+"背景下高校外语翻转课堂的教学工具

一、翻转课堂的网络平台

为了组织和实施翻转课堂，需要教学工具，包括在线平台、教学工具和学习终端三个内容。

基于网络技术的翻转课堂平台可以为教师和学生之间以及学生和学生之间的在线互动提供极大的便利。常见的网络平台，如网易云课堂、中国慕课、超星平台、可汗学院等，都有自学、实战测试、交流互动等，都可以帮助学生提高他们的外语技能。

二、翻转课堂的学习工具

翻转课堂使用的学习工具是基于课程标准的知识导向型学习工具,微课、慕课、学习任务单和进阶练习四个部分构成了翻转课堂。

(一)微课

微课是以视频形式呈现的学习工具,只有一个定义明确的知识内容,知识点也比较单调,通常的视频长度为10分钟一个课时。一般来说,微课被用来解释知识的主要概念或内容,演示技术和解释知识的应用。微课具有短小精悍的特点,微讲座是翻转课堂资源中重要的组成部分。

(二)慕课

慕课是大规模的开放式在线课程,我们能实施翻转课堂主要是使用慕课的网络平台。一方面,不同学校的学生可以使用慕课平台观摩同一个名师的授课,从而实现学习资源的共同性和均等性;另一方面,教师利用慕课平台向名师学习可以提高自身的教学水平,在一定程度上平衡教师资源。慕课和翻转课堂各自优势的有机结合,可以有效解决学习资源不均衡的问题。[①]

(三)学习任务单

学习任务单允许学生根据个人的学习情况进行个性化的学习,即允许每个学生按照自己的方式和习惯进行学习,实现独立学习的目的。学习任务单通常被设计成表格,任务包括反思、测验、学习任务、学习指南等。反思主要涉及教学方法和学习成果。测验包括测试问题和辅导过程。学习任务包括对一般理解和具体理解的要求。所谓一般理解,即对一般学习内容的有效理解,在自主学习过程中,使学生逐步学会如何根据大的方向开始学习。具体理解,即理解具体知识要求的能力,通常采取展开问题的形式。学习指南包括主题、要达到的目标、教学方法的建议和课堂教学形式的描述。

(四)进阶练习

进阶练习就是一个基于标准化测试的在线测试系统,类似一个或通过或失败

---

① 姜艳玲,国荣,付婷婷.翻转课堂与慕课融合促进教学资源均衡研究[J].中国电化教育,2015(4):109-113.

的游戏。在观看完视频教程后，学习者必须完成相应的任务，只有在正确回答了一系列问题后才能开始下一个单元的学习。在线测试旨在帮助学习者掌握课程所需的基本技能，大致可分为三类问题：确定概念、练习技能和扩展应用。

微课学习这一过程包括学习、评价、诊断、反馈、再学习，微课的学习模型包括以下几项学习环节：交互课学习、计算机自适应学习诊断和错误分析、补救练习等。

三、翻转课堂的学习终端

翻转课堂的学习终端是指可以在移动中使用的计算机设备。广义的学习终端包括手机、平板电脑、笔记本电脑等。随着技术的飞速发展，学习终端的功能越来越强。

（一）电子书包

电子书包应用于教育信息化，是提高家庭和学校配合效率的一种电子产品。电子书包系统为家长、学生、教师分配不同的账号，教师可以进行班级管理、发布作业、考勤管理；家长可通过家校沟通功能了解学生学习信息；学生享受多种数字化教育资源、教师的网络辅导、同学的在线互助，是学生学习和生活的信息助手。

（二）平板电脑

平板电脑是一种小型、便携式的个人电脑，使用触摸屏作为基本的输入设备。很多学校开展翻转课堂均采用此设备，学生通过手写识别、屏幕上的软键盘、语音识别等实现输入。

（三）云计算机教室

以往的计算机教室存在"成本高、管理差、维护难"等问题，而云计算只是一个通过网络连接到服务器的终端，云计算在启动和运行速度、管理效率、节能降耗等方面有明显优势。

与传统计算机教室的建设相比，云计算教室的建设通过进一步的软件升级来取代硬件成本和隐性维护成本的一次性投资，减少了约40%的建设成本，电费也可以节省约80%。

（四）移动式网络教室

移动式网络教室的基本配置是一个可以滑动的大型机柜，以整合 Wi-Fi 天线、学生用电脑和服务器。如有需要，可将设备放置在普通教室，并迅速建立网络教室，立刻进行翻转课堂的教学活动。

第四节 "互联网+"背景下高校外语翻转课堂的组织实施

一、翻转课堂的教学步骤

（一）课前准备阶段

1. 教师活动

制作学习视频是开始研究翻转课堂时我们首先能想到的。然而，在制作教学视频前，需要对教学目标进行分析。教学的目标是学习活动要达到的预期结果。对任何教学活动来说，明确的目标总是放在第一位的。只有在教学前明确目标，才能使教学具有个性化的优势，并使用具体的教学方法。由此可见，在实施翻转课堂教学模式前分析教学目标，不仅有助于教师分析哪些内容适合通过视频直接传递给学生，也有助于分析哪些内容适合在课堂上进行教学，并通过师生之间的教学互动不断反馈结果，从而达到最佳学习效果。明确教学目标可以避免教学目标的失败和效率低下等情况的发生。

翻转课堂的一个明确的特征就是通过视频来实现知识的学习。教师不仅可以录制自己的教学视频，还可以使用其他教师的教学视频或优秀的在线教学视频。视频制作是翻转课堂模式的一个重要组成部分。

创建并制作教学视频的步骤为：第一，确定课程的内容，并决定视频是否是实现课堂学习目标的适当教学工具。如果内容不适合通过教学视频直接传递，就不要使用视频方式。翻转课堂不是简单地为课堂制作教育视频，而是一种为了更便利学生学习和教师授课的方式。第二，做好视频录制的质量。录像过程应考虑到学生的想法，以适应不同的学习方式和习惯。例如，在大多数采用翻转课堂的美国学校，视频中显示的不是整个教师的面部或者身体，而是一双手和一个可以用来交流的白板，白板上可以直观地显示出教师的教学内容。另外，选择一个安静的地方录制视频是很重要的，这样学生在观看视频时就不会被视频的噪声干扰，影响学习的效率和内容的传达。

教师在翻转课程开始时将视频录制好后让学生进行观看，在教学之后，教师可以根据教学的效果将之前没有发现的错误重新编辑进行纠正。

视频发布的目的是让学生观看由教师制作的视频。教师制作完视频后要关注的问题就是把视频发布在哪个平台以便学生观看。根据学区、学校和学生的不同情况，选择适合的视频发布平台。

2. 学生活动

教师可以在对教学的内容和课程等因素分析后，利用线上的教学视频向学生传授与学习直接相关的内容，从而将课堂时间的浪费率降到最低。学习得快的人可以快速学习，学习慢的人不必担心在传统课堂上落后于老师的进度。学生可以根据自己的学习状况在适当的时候把线上视频进行暂停，还可以指出不明白的地方，把问题带到课上，这样就可以完全控制自己的学习进度。在这个过程中，学生应该组织和总结在视频中学到的知识，并确定已经掌握的内容和有疑问的内容。

看完线上的视频后，学生按要求完成课堂上布置的课堂任务。这些练习建立在视频中教授的内容之上，以便学生能更好地理解所学的知识，并找出学习上存在的困难。根据"最近发展区"的理论，教师应在课前计划好练习的数量大小和难度的高低，以便学生通过线上视频的学习和练习从旧知识逐步过渡到新知识，并在视频中巩固和加深知识的理解。通过使用在线交流平台，学校可以与学生进行沟通，了解他们在观看视频和完成练习时遇到的共同问题。通过对学生提供的任务反馈，教师可以了解学生的实际学习情况。同时，学生可以一起交流和分享他们的听课感想，解决他们的疑惑。

（二）课中教学活动设计阶段

1. 确定问题，交流解疑

人是生活在社会中的，社会中的活动可以带来交流和成长的环境和氛围，人们可以通过一起互动来学习和成长，收获知识。为了实现课堂上的真正互动，需要创造一个有利的环境。

观看教学视频会让每个学生形成对事物不同的理解，因为他们有不同的知识结构和视角，这就造成了学生之间的认知不平衡，从而形成新的认知结构。在交流的早期阶段，教师需要解决学生反映的问题。观看视频还可以让学生表达自己的不解之处，并与教师和同学进行讨论，从而将视频变成一个能实现互动的学习工具。

2. 独立探索，完成作业

独立学习的能力是学生的一项必要技能。不能独立学习的人无法在社会上生存。自主性是人类生存的基本原则，独立的生存是每个人存在的方式。在传统的课堂上，教师对学生的学习活动起着引领的作用。课堂上的大部分时间都用于知识的讲授，其余时间被机械性的任务填满，使学生无法独立学习和研究。学生作为一个个体是独立的，有能力独立学习的。学生只有学会独立思考，才能对所学的知识结构进行加工，教师只能引导学生学习方法，而不能在自主的方式上取代学生的学习。

翻转课堂为学生提供了一个独立的学习环境，他们可以独立完成教师布置的任务。通过独立解决这些任务，学生可以测试自己对外语的理解是否到位。最初，教师应该引导学生，对任务进行完善和发展，一旦学生能独立解决问题，教师就应该停止过多的干预活动，让学生通过独立学习建立起自己的知识结构或知识体系。

3. 合作交流，深度内化

在独立探索和学习阶段中，学生可以建立起自己的知识体系，但重要的是通过在实践中的联系不断地巩固他们获得的外语知识。人在社会中学习和生活，沟通是人类互动的直接过程。哈贝马斯将沟通定义为主体之间相互认同的互动，使用符号、语言作为媒介，通过对话的方式实现人们之间的相互理解和认同。互动式学习是指学生在学习活动中进行的学习过程，如与他人的交流对话，在不断的交流中吸收知识最终达到实现自身发展的目标。这个过程极大地改变了学生的批判性思维和对学习的态度，他们成为自己学习过程中的主宰者。只有当学习满足他们自己在精神上的需求时，学习者才会成为自己学习的主导者，从被家长和老师要求学习变为自己要自主进行学习。教师的角色也变为学生学习的推动者和促进者。当前，各教育部门注重协作，将其作为一种学习方法，许多学校在课堂上使用协作和小组等模式进行学习。然而，在传统的课堂上，合作学习只是对课堂学习的一种次要方面的补充，很难激发学生的热情和主动性，因为合作学习只是一种学习的方法，不涉及学习内容的变革。而在翻转课堂教学的情况下，学生和教师之间的合作可以被视为真正的合作学习。

4. 成果展示，分享交流

学生通过独立探索和协同合作等多种方式可以完成个人或小组任务；通过演讲、讨论或小型竞赛等交流模式，可以相互分享学习经验，以及学习过程的收获和不足。展示结果时，学生或小组通过教师和学生的评论获得更深的理解，扩大自己对学习的知识面。同时，通过观察其他学生或小组的展示，可以了解他人的优势，从而也了解自己的优势和劣势。这个过程中，学生将不断体验到学习真正的内涵是什么，不断丰富自己，在今后的学习中以积极乐观的态度去学习，增强学习的乐趣。成果展示也是一个互动的平台，学生可以参与到彼此的知识认识过程中并碰撞出火花。教师可以利用学生或小组的集体报告来确定学生的知识水平，随后进行有针对性的后续学习。在学生发言过程中，教师应该营造开放、宽松的课堂气氛，让学生能够畅所欲言。

在展示成果的环节，对实施翻转课堂教学模式的学生而言，教师不仅鼓励学生进行课堂展示，还可以让学生通过微视频的方式将自己的汇报上传到网络交流区，让师生进行交流与讨论。翻转课堂教学的成败并不是由视频制作的好坏来决定，而主要取决于课堂学习活动的设计。翻转课堂教学模式的关键在于如何改变教师主宰课堂的局面，使学生成为学习的主人。

二、开展翻转课堂的关键要素

决定翻转课堂能否成功的关键点在于以下六个方面：

（一）教学视频的设计与制作

1. 选取知识点

目前的情况是我国的很多院校都在积极使用翻转课堂的形式，但从实践经验来看，并不是所有的课堂都适合翻转课程的形式，也不是翻转课堂对所有的外语课程都有效。教师应该首先对教学的内容和课程标准的规定进行科学的分析，分析教学内容中的知识点、课程的重点和疑点是否适合采用视频教学的形式，系统讲授的内容是否可以在传统课堂上讲授，以及传统课堂和翻转课堂能否有机结合起来。

2. 精心制作教学视频

从目前的统计数据来看，微视频的方式在翻转课堂中使用得比较普遍。微视频通常短于20分钟，可在多种设备，如个人电脑、手机和其他视频终端上录制和播放。

在视频形式上，为了吸引学生更长时间的注意力，教师在录制时应考虑视频的视觉效果，适当运用图像和声音等视频表达手法。此外，视频最好配置字幕，必要的字幕在一定程度上延续和补充了图像和声音，可以对讲课者口音或者发音不清导致的错误信息进行一定程度的弥补，最终使视频的信息得到准确传达。

在视频内容方面，教师需要确定视频是否对学生的认知学习有用，视频必须能吸引学生的关注。如果视频的内容只是对教师的讲课内容进行机械的记录，学生被动学习知识这一客观事实并没有得到根本上的改变，只是传播的媒介发生了改变，从线下变为了线上，其实质上还是传统教学的内容。

3. 准备扩展学习资料

在学习内容视频以外，教师还应该建立一个外语学习资料的扩展库，为学生提供一些扩展学习资料，包括西方文化实践的资料和其他开放学习平台提供的练习库。延伸学习让学生对所学的文化背景有了一定的了解，不仅培养了他们的独立学习能力，而且还能帮助他们对课程中涉及的知识有更深的理解。

（二）教师在上课前的准备

首先，教师应确保学生在正式上课前已经观看了线上的学习视频并完成了学习任务的检测。即学生应在上课前完成主要测试题，这样学生和教师就能及早发现问题，真正感受到翻转课堂对学习的影响。

其次，通过任务设计，可以促进学生之间的互动交流。学习小组可以督促那些自控能力较差，或自主学习存在困难的学生，有助于缓解学生课外学习的孤立感，从而增强学生的学习效果。

最后，教师要整理学生的疑问，在课堂上集中讨论解决那些有代表性的问题。

此外，教师可以在课前单独指导那些学习滞后或学习积极性不高的学生。

（三）课堂活动的组织

当前，对中国的翻转课堂而言，大多数人关注的是怎样制作教学视频，事实上课堂活动的组织比视频更加重要。在课堂上，教师需要和学生多交流。

1. 解决学生疑问，层层引导

教师可以安排学生线上课程学习完之后，在课堂上直接开展答疑环节，提高课堂的效率，另外，对那些思维活跃、学习进步快的学生提出的问题，教师应该予以特别关注，这些问题一般可以成为引导学生深入探索的主线。

2. 交流协作，加深内化

因为只学习视频不能对基础知识进行深化，所以在课堂中，教师可以根据学生的兴趣和学习能力进行分组，加深他们的认识，并提供任务来巩固和深化知识。通过互动，学生可以相互启发并发现学习中存在的问题，这在一定程度上提高了学生的沟通能力和合作的意识。此外，当学生进行小组合作时，教师也应该参与进来，对出现的问题进行指导和帮助，及时纠正讨论中的异常情况，从而提高课堂学习的有效性。

3. 统筹兼顾，突出重点

课前的教学视频对一般的基础知识并没有起到普及的作用，可能比较偏重对重点和难点的讲解，这样一来知识就可以很好地进行衔接。

（四）翻转课堂对硬件设施的要求

互联网的应用和计算机技术的不断发展为翻转课堂提供了技术条件，全世界范围内的学生都可以通过网上的各种免费学习平台享受高质量的教学和学习。计算机和互联网的使用应该使学生更容易接受知识，而不是打断甚至扰乱他们的正常学习。

（五）翻转课堂对教师的要求

1. 教师应具备教学改革创新精神

翻转课堂的结果在很大程度上取决于教师的思想开放程度。事实上，它符合我们多年来倡导的学习改革本质，即改变被动学习的模式，鼓励学生的主动性和学习的积极性，培养学生的创造力与合作精神。与其他学习模式一样，翻转课堂只是达到目的的一种手段。教师采用新的教学理念很重要，否则就会成为现代信息技术在传统教学上的一个外在形式。

2. 教师应具备较高的教育信息化素养

由于有制作 PPT 的需要，所以大多数教师使用的信息技术是办公软件。要顺利开展翻转课堂，教师至少要能使用一到两种录像软件，熟练使用录音和录像设备，并熟悉互联网的相关操作技术。

翻转课堂在某种程度上改变了传统的教学模式和教学方法，将教师从传统课堂中释放出来，为他们提供了一个展示才华的舞台，同时也对教师提出了更高的要求。为了真正实现课程改革的目标，我们应该从现状出发，从现在反思不足之处，了解引入翻转课堂的关键要素。

3. 教师应构建较完整的学习支持体系

为了让学生能在课堂外可以开展自主的学习方式，教师需要建立一个相对完整的学习支持系统——从知识点，到预评估，再到学习资源来创造一个更有利于独立学习的虚拟学习环境，让学生更容易获得学习资源。

在这一过程中，不仅要保证学习资源，而且还要设置一定的激励措施和引导手段，从而充分激发学习者的内在学习动机。

因为翻转课堂教学使课堂成为一个帮助学生掌握外语知识的舞台，不同层次的学习者都可以通过课堂展示、提问和讨论来发挥自己的优势。所以，在这一过程中就要求教师充分发挥自己的职责，能真正引导、管理和控制讨论的过程。另外，在关键时刻还要做最后的润饰，从而能真正深化学习者所学的知识。

（六）翻转课堂对学生的要求

1. 具备一定的自主学习能力

翻转课堂模式在实践中对翻转课堂的学习者提出了更高的要求，他们需要一定的独立学习能力。有些外语能力较弱的学生一再质疑这种学习模式，因为他们的外语能力有限，自主学习能力不达到独立学习的水平。例如，他们无法自己搜索学习资料，特别是在外语网站上。在他们看来，这种迫使学生专注于课外独立学习的教学方法，并不能帮助他们获得系统的语言技能。然而，那些表现较好的学生几乎没有任何疑问，这表明这种学习方式更适合能独立学习的学生。

2. 具备一定的信息技术能力

一般来说，网络环境是翻转课堂学习系统的基础，学习者通过数字终端访问相关的学习支持系统，因此需要具备一定的 IT 技能和数字终端知识，以便轻松进入学习支持系统，从而获得学习资料，最终在课堂外更好地自主学习。

3. 应当付出更多的努力

翻转课堂模式的顺利进行需要学生做出更多努力和更深入的思考。在翻转课堂教学的过程中，一些学生，尤其是基础和独立学习能力较弱的学生，往往需要在翻转课堂上投入更多的时间成本。因此，许多学生和教师依然认为传统教学方法在教学内容方面是非常有优势的。为更好适应翻转课堂模式，学生就需要付出更多的努力。

三、翻转课堂实施过程中应注意的问题

虽然"翻转课堂"模式的实施获得了较好的效果，但是还需要注意以下四个问题：

（一）翻转课堂的实施范围与程度

理想化的"翻转课堂"模式是彻底"翻转"的，也就是说，通过学生课后学习的信息手段，将所有的记忆性和理解性的课程知识进行"翻转"，而将全部的课堂时间用于答疑解惑和能力训练上来。然而，由于学生有着不同的学习习惯、外语知识储备，所以教师应该相应地调整课上、课下的翻转程度。同样的课程，可能在大二比大一更容易翻转，有较强学习主动性的学生就比学习懒散的学生学习效果要好。尽管课程内容一样，不同的章节也会需要不同的翻转程度。课程的基础知识完全由学生在课下自主进行翻转，不可避免地会出现一些难点和学生不懂的问题。为了避免这些情况，教师可以灵活处理课程设计的翻转程度，在课堂上详细讲解难点问题。此外，教师在进行拓展训练前，也可以花费一些时间迅速串讲课程内容。

（二）翻转课堂的实质与形式问题

从大的方向来说，翻转课堂改变了"课堂教学＋课堂作业"的传统教学基本模式，在一定程度上改变了参与者、学习环境、学习过程以及教学中的学习和评

估能力。然而，翻转课堂的本质不是改变传统"课上教授"和"课下作业"的空间和时间组织以及它们发挥的作用，而是从根本上改变学生的学习方式。如果学生没有充分的学习动机，即使是最吸引人的微课也只是学习材料的视频而已。

这表明，翻转课堂模式不一定需要建立大量的网络资源，也不一定要将外语课程转化为一定规模的知识点，只要学生能积极参与到探索性的学习过程中，实现知识和技能不同维度、过程和方法的目标，那么翻转课堂就是可以实现的。翻转课堂的目标是使学生能积极地参与探究式学习，实现课程的各个层面，包括知识和技能、过程和方法。翻转课堂只是一种选择，只要教育方法和教学方式能达到教育的真正目的，都值得教师和学生挖掘。

（三）翻转课堂模式下学生的负担问题

"翻转课堂"要求学生学会独立预习，为了更好地了解学生学习的效果，教师会对课堂内的知识进行相应的扩展和延伸，并对相关的问题进行设定。预习结束后，学生先在小组内部讨论，与此同时，学生也面临着更多需要独立或合作完成的作业。对那些早已习惯传统课堂教学模式的学生而言，这的确给他们增加了课后的学习负担。翻转课堂中的"额外任务"会使学生焦虑感增强，特别是当他们面临考取专业技能证书的压力时。更重要的是，当改革同一学期多门课程的课堂教学模式时，学生往往会感到更加不知所措。

首先，要让学生克服目前"接受式"学习的惯性和惰性，采用更多探索性学习任务的"新常态"，让学生调整心态，形成积极的学习态度。虽然有些学生认为翻转课程增加了学习负担，但大多数学生认为这是一个很好的机会，可以更有效地利用他们的时间，反映出他们对学习负担的客观认识和积极态度。其次，需要采取一步步深入的方式进行教学改革，调整好教学改革的速度和进度，并在不同的课程和不同的教师之间进行合作。

（四）翻转课堂模式下教师的激励问题

翻转课堂的教学模式是对原有模式的破除和新模式的建立过程。所谓"破"，是教师原有内容的突破和学习，在一定程度上超越了已有的经验；所谓"立"，即外语课程内容体系的重构、课堂师生关系的重建、课程资源的重新开发和新能力考核指标体系的构建。在翻转课堂"破"与"立"的过程中，教师需要付出更多的努力去突破原有的状态，特别是对课堂教学效果而言，每一次都应该在提升的路上。所以，需要制定适当激励教师的政策。这种激励不能通过补贴经费或补偿工作量来解决，因为教师的努力，可能影响科研指标的完成，从而也影响职称的晋升，这应该引起关注。

第五节 "互联网+"背景下高校外语翻转课堂的教学评价

一、翻转课堂教学评价的定位

翻转课堂开展以来，促进学生综合素质发展和教师教学的评价体系并没有同步完善，即使有教学评价，也仅仅是根据教师在实践中的观察做出的质的评价，而没有相应量的数据实证。评价滞后于实践的状态，亟待改变。

翻转课堂教学评价是教育领域的复杂人工系统，遵循教育评价的一般方法。评价的手段，应综合运用测量、统计、系统分析等方法与技术，形成综合分析判断，既有定量分析又有定性分析。

（一）评价对象与目的

评价的对象不能仅仅包括教师学生等翻转课堂学习活动的参与主体，还包括在学习中的各种现象和活动。如实施方案、自主学习任务单、辅助学习工具、微课视频等教学的方式，以及课堂活动和过程、教学效果、支持教学的政策和规定等。

翻转课堂开展的目的是促进教学方法的变革，提升教师授课水平，提高学生的各类素质，提高教学的质量。为了能实现教学目标，评价者不仅要对实际取得的效果做出冷静的评价，还要帮助教师诊断实验中遇到的不足和弱点，一起研究如何从实践角度调整教学，共同解决教学中的困难。

（二）教学评价的功能

教学评价是通过系统的方法收集学生和教师在学习和教学方面的发展信息，并使用统计和定性等科学的研究方法，得出关于翻转课堂教学实验价值的结论。为了分析翻转课堂的评价功能，必须真实地反映评价对象的价值，使其符合教学的规律和目的。

（三）教学评价与教学测量

翻转课堂教学的评价过程是基于翻转课堂教学评价体系中制定的评价标准，用数值和既定的案例来描述主体反映的属性含义。在评估过程中引入了测量教学的概念。微课程的教学评估分为测量（定量报告）+评估得分和非测量（定性报告）+评估得分。测量教学和评估教学之间有一个根本的区别，就是测量学习本质上是一个评价教学的过程，而评估学习则是一个评价教学价值的过程，这两个过程之间的区别也是显而易见的。

二、翻转课堂教学评价的分类

翻转课堂的教学评价有多种类型，可以按照评价的时间和作用来分类，也可以按照评价的方法进行分类。

（一）按照评价的时间和作用分类

在教学活动中，评价方式往往根据评价的时间和作用来划分，其中包括诊断性评价、形成性评价和终结性评价。

诊断性评价是指在翻转课堂的教学活动前，为使实验有效实施而进行的预测性、测定性评价，或对实施翻转课堂教学法前的现状与存在的问题做出鉴定，以便观察教学是否有效以及取得成效的程序，要采取适当的措施来促进实验教学深入发展。

形成性评价是指在教学过程中，评价教学本身的效果，以便及时调整教学方略，确保教学至少达到设定目标。

终结性评价是指在某项教育活动结束时，判断最终的成果。例如学生、教师、教学过程以及达成目标的程度等进行评价，为下一阶段实验提供参考依据。

（二）按照评价的方法分类

学习评估可分为定量评估和定性评估，这是根据翻转课堂教学方法进行的分类。评估包括学习内容、学习策略、教与学活动、学习活动、学习资源和学习评估等内容。

定量评价是使用数学方法收集和处理数据与信息，以得出关于评估项目价值的定量评价。在翻转课堂的实际开展中，对可以量化的要素进行测量和分析，以验证翻转课程在课堂中使用的实际效果。

定性评价是指通过观察和分析评价对象在翻转课堂学习实验、现实生活场景或各类资料中的表现，直接对评估对象得出定性结论的判断。

三、形成性评价在高校外语教学中的应用

形成性的评价是在翻转课堂的教学模式的影响下，对学生的语言学习和使用能力最有效的一种评价方式，这类评价的形式和方式类型多样，可以总结出三类常见的形式：建立学生学习档案、学生自评互评和课堂评价与在线评价相结合。

（一）建立学生学习档案

在翻转课堂模式的作用下，对学生成绩进行有效评估的一个必要过程是建立学生的学习档案。建立学习档案的方式可以让教师在任何的时间都能了解学生的学习动态，更加方便监测学生的学习积极性和课堂的学习过程。学生的学习档案包括课堂参与、课堂作业、每次考试的结果和独立学习过程中学习的信息。学习档案提供了关于学生参与课程和他们独立学习能力的信息，帮助教师了解学生在每个阶段的表现。这种评估方法和翻转课堂模式的有机结合，有效地测验出学生的外语技能、态度和水平，这比以往的外语课堂评价方法有很大的进步。

（二）学生自评互评

在过去的教学课堂中，学生外语成绩都是学生期末考试的试卷和教师给出的日常成绩相结合形成的。和传统的教学模式相比较，翻转课堂模式将课后作业的结果作为课堂讨论的主题。在讨论作业完成和内容的过程中，学生互相观察和评价，这大大提高了学生在学习中的独立性和自主性，并使他们能充分理解同伴评价在他们学习中的重要性。学生对这种学习的方式更加认可，从而更加配合教学。传统教学的教师评价和学生之间的评价结合在一起，能更加全面和丰富地认识到学生的情况。

（三）课堂评价与在线评价相结合

随着信息技术的不断进步，在线教学的学习思维方式已经被越来越多的学生

和教师接受，课堂的在线评价也是必不可少的。与传统课堂相比，翻转课堂的优势在于教师和学生可以充分利用网络平台的便利条件，让教师可以及时地更新和记录学生的学习信息，有效地组织和提供网络上的海量学习资源。教师可以通过互联网随时随地与学生联系，及时调整对他们认知水平的认识，回答他们关于课程方面的疑问并针对学生学习水平提供相应的指导。同时，教师可以通过在线平台与学生沟通并完善给他们布置的作业。

第六节 "互联网+"背景下高校外语翻转课堂的教学案例

一、课程概述

课程名称：《第二外语Ⅰ（日语）》

授课对象：英语专业大一学生

课程性质：本课程属于通识教育必修课程，对英语专业学生来说十分重要。首先，日语可以与英语形成语言互补，有利于增强学生语言尤其是外语学习的能力，形成严谨的语言逻辑，提升思辨能力，使学生主动发现异种语言的共性与差异性；其次，多语言学习有利于拓宽学生语言文化视野，了解多国文化，丰富语言与文化储备；最后，第二外语的学习能促进学生向复合型人才转变，有效提高学生就业竞争力。

课程介绍：第二外语Ⅰ（日语）课程采用的教材是《新版中日交流标准日本语》，每课设有"基本课文""应用课文""句型、语法解说""单词""练习"五大部分，旨在使学生掌握日语正确的发音、声调、语调，掌握约500个单词及基础句型和语法知识，培养学生初步具有日语听说读写译的能力，能运用日语熟练进行简单的日常交际。

课程理念：以学生为中心，激发学生自主学习动力和语言探究潜能；以输出为驱动，培养学生的综合应用能力；融文化于语言学习中，培养跨文化思辨能力；立体化教学，实践翻转课堂教学。

二、《第二外语Ⅰ》翻转课堂教学实践

（一）转变教学理念，改变师生角色

传统二外教学中，教师讲，学生听，学生被动地接受知识，但在翻转课堂中，师生角色发生变化。教师需要转变为课堂学习的设计者，学生学习的引导者，学生需要转变为学习的主体，主动、积极参与到学习中来。教师首先需要转变教学理念，才能更好地引导学生改变学习方式。

（二）翻转课堂教学设计

课前，教师可以通过超星学习平台发布相关的微阅读视频、文字音频和文字相关资料，提前为学生提供丰富的相关学习资料，鼓励学生课前进行自主的预习和学习。例如，在第二外语语音Ⅰ阶段，为学生提供关于日语发音朗读基本原则的视频、书写假名的视频、具有趣味性的歌曲学习内容等。每节课前，教师都应要求学生完成相应的任务清单再开始课堂的教学，学生学习上的问题和困难都可以提前记录下来，以便在课堂上根据问题进行有针对性的答疑解惑。此外，在课前设置学习任务的最大好处是，学生可以在任何地方开始学习，视频可以在任何时候停止和回放，因此学生可以根据自己的学习习惯和周围条件随时随地使用电脑和手机学习。

课堂由六个部分组成：热身、学习、理解、练习、扩展和应用，重点是教师对学生的问题进行分析和解答，学生巩固、扩展和强化他们的知识，并能准确、灵活地运用这些知识的内容。例如，日语语音阶段，热身的内容是一个简单的听力课，一方面是为了检查学生对日语发音和拼写（假名）的掌握情况，另一方面是为了让学生更加了解自己的学习计划。学习的内容是为学生提供问答环节，回答自学过程中没有回答的关于假名的发音和拼写的问题，并且对重点的发音进行仔细的强调。理解环节是给学生举例纠正他们的错误，并强调初学者在发音和拼写方面容易出现的错误，使他们能辨证理解新知识。教学环节是利用单词卡片、多媒体和其他工具的方式，通过游戏、竞赛、测验和测试等多种活动，练习学生的发音和拼写，通过教师的启发、探究式教学和学生的主动学习，使课堂更加生动有趣。并且通过教师和学生的评价以及学生之间的评价来分析学习的问题，提

高学习的效率。拓展课的内容是：通过小组学习，探讨日本文字的起源，让学生充分了解汉字对日本的影响，了解日本文字是起源于汉字，使学生了解中国文化对其他国家的影响，增强学生对中国语言文化的认同感。通过比较日语发音和语调与汉语、英语发音和语调的异同，强化自身外语知识的学习，提高学生的批判性思维和小组工作能力等。在上述环节的基础上，任务的设置使学生能通过专注于任务而取得有效成果。

在课程结束之后，要求学生根据课堂的内容进行学习过程中的反思，总结并填写他们的个人笔记和学习经验。学生还需要展示他们的作业内容，并使用各种评价方法，如学生自我评价、同学评价和讨论反馈，以有效提高他们的学习效率。

（三）《第二外语Ⅰ》翻转课堂教学的实施成效

1. 以学生为主体，培养学生自主学习能力

通过翻转课堂，改变传统二外教学模式，将传统教学中课堂讲授内容放在课前，供学生自主学习，学生由"学会"走向"会学"。教师通过引导学生观看视频、听取音频、查阅资料等，引导学生根据自身情况，自主预习，从而发现问题、提出问题。如此既激发了学生的学习兴趣，又培养了自主学习能力、思考能力；既提高了学习效率，又培养了学生良好的学习习惯。

2. 提高了课堂利用效率，增强了课堂交互性

通过翻转课堂，知识点学习放在课前，课堂大大提高了利用效率，讲授时间减少，答疑、练习、讨论以及测验时间增多。教师通过查阅任务点可以清晰地看到学生课前预习情况，针对学生预习情况提炼重点、难点，课堂通过问卷、测验了解学生的学习效果，继而有针对性地帮助学生解决在自主学习中遇到的问题，因材施教，并且可以对一些知识进行拓展延伸。翻转课堂模式下，巩固、拓展成为重要环节。课堂互动性增强，既提高了学生学习日语语言的热情，又增进了师生间的情感交流。

3. 培养了学生跨文化交际能力、团队协作能力

2018年4月，教育部公布了《高等学校外语语言文学类本课教学质量国家标准》，在标准中主要强调培养学生的跨文化能力和批判性思维能力。由此可见，跨文化的交流在外语的学习过程中是非常重要的，除了知识点的讲授，第二外语

Ⅰ（日语）课程还包括日本文化和中日文化比较的相关内容，如日语书写方式的起源、中日家庭和工作用语的差异、中日相同外形词的异同等。使学生在了解日本文化的同时掌握语言技能，能流利地进行跨文化交流，并对中国和日本文化进行辩证的分析，这将有助于学生形成对中国语言和文化的认同感。这些内容常常以小组练习的形式呈现，提高了学生在学习中的参与度、独立性和团队合作能力。此外，学生还可以获得各种外语的在线资源和电影，如日本动漫和电影，以提高他们的语言技能并拓宽其对语言文化背景的学习。

4. 学生学习效果评价多元化

学生学习效果评价采用形成性评价和终结性评价相结合的方式，课程过程评价采用教师评价、学生自我评价、生生互评相结合的过程式评价，具体包括课前预习、小组活动、课后作业、章节测验等，平时成绩占40%；终结性评价为期末考试，成绩占60%。多元化的评价方式可以实现多角度、多方面兼顾的公平性。

（四）《第二外语Ⅰ》翻转课堂教学反思与总结

1. 注意授课时间安排的合理性

在翻转课堂的影响下，教师花费在每一个部分的时间并不固定，而是与课程的具体内容相联系，同时也与课程的完成情况、学生遇到的困难和问题以及练习的时间相协调。因此，教师有必要充分了解学生的学习习惯、特点和学习的效率高低，以便合理安排课堂时间，提高课堂进行过程中的整体效率。此外，翻转课堂的实施要求学生在课前和课后完成单元内容的学习，因此学生需要多长时间来完成这两个单元是一个需要考虑的问题，这需要在实际的授课实践中得出相应的结论。

2. 做好量化学习评价

为了推进翻转课堂教学模式的发展进度，提高学习第二外语的效果，需要按照过程性、个体性、协作性和差异性的原则，对学生平时的出勤、参与、合作学习、测验和课堂任务等方面进行量化评估。量化评估的过程必须是公平和公开的，只有在评估的过程中做到完全的透明，才可以正确引导和激励学生的学习。量化的合理性需要在未来的实践中进一步得出相应的发展结论。

第七章 "互联网+"背景下的移动自主课堂教学模式

本章分别从云课堂中师生进入自主学习角色、云计算网络移动自主课堂的改革突破、构建网络移动自主课堂教学的重要性三个方面对"互联网+"背景下的移动自主课堂教学模式进行了论述。

第一节　云课堂中师生进入自主学习角色

随着现代信息技术的不断创新式发展，网络技术在教育中的应用也越来越广泛和全面，特别是互联网与校园网的有机融合，为学校教育提供了海量的学习资源，使在线学习从想象变为了现实，为有效实施素质教育搭建了有利的平台，也在一定程度上对新课程改革的进程产生了促进的作用。现代信息技术的发展为培养创新型人才带来了挑战和机遇，教育部关于《基础教育课程改革纲要（试行）》明确指出，要大力推进现代信息技术在教育过程中的普遍应用，促进现代信息技术与学科课程的整合。它提供的数字学习环境是一种非常有发展潜能的个性化学习形式，可以克服时间和空间对学习的限制，使学习的模式变得便捷、多变和有效。在教育领域，要加强对现代教育技术前沿领域的关注，努力探索如何利用现代信息技术，特别是在课堂上，把多媒体、计算机网络和基于现代信息技术的课程整合起来，在教学模式和方法上进行创新，以便更好地激发学生的学习兴趣，挖掘学生学习新的发展点，使学习变得有趣、生动、轻松和愉快，从而提高了课堂效率。

课堂教学改革是实施新课标的重要基点。现代社会要求年轻一代要有较强适应社会的能力，并从多种渠道获得稳定与不稳定、静止与变化的各种知识。传统的教学模式是教师在课堂上讲课，布置家庭作业，让学生回家练习；而"移动自主课堂教学模式"是学生在教师指导下，通过积极参与教学实践活动，学生在家完成知识的学习，课堂变成了师生之间和学生之间互动的场所。面对常规的每一节课，面对基础不一的每一名学生，面对每一个新的知识点和每一名学生不同的需求，打造"移动自主课堂教学模式"以学生为中心的高效课堂教学就显得十分重要。

一、学生角色

在登录移动自主学堂后，学生可以看到他们还未完成的作业，包括考试、作业和教师提供的外语学习的资料，以及自己制订的学习计划，如复习外语学习资料和错题的记录。该系统根据学习曲线算法，在适当的学习时间段给学生分配相应的学习任务，如果学生长时间没有复习和练习某项学习的知识，系统就会向学生发送相应的学习资源和任务，让他们重新根据自己的学习进度进行温习。学生可以查看最近的学习记录，对自己的学习情况进行动态的掌握，来跟踪自己的学习进度。学习记录或者说学习的历史包括最近学习了哪些外语资料，学习每个资料花了多少时间。此外，还有测试的反馈结果，包括每个知识点的问题数量和正确率的高低。学生也可以利用考试和家庭作业的错题进行学习来提高自己的学习成绩。学生可以使用移动自主课堂的"错题本"功能，按时间顺序（倒序）、测试错误数量（倒序）、知识点分类、随机性等搜索最近学习练习中错误的题目。错题的权重会根据结果的正确性进行调整，每一道题也可以及时地进行重复性的练习，避免周期性的遗忘产生，每次练习结束之后问题的结果都会更新。而且，系统可以自动锁定与特定错误问题相关的知识和学习资料，以促进更加个性化的学习方案（针对学习者的教学）。

  移动自主课堂中的测试和家庭作业这两个功能可以根据学习历史记录自动排除学生已经完全学会的测试题，从而减少重复的学习时间，提高学习知识的效率。学生可以回答随机生成的问题，这些问题由系统根据算法预选或过滤标准筛选出来。另外，系统会根据表现优异的学习者的学习数据，将学习资源和练习题推送给当前在线使用的学习者，并根据练习题的测试情况调整学习参数，总结出最适合学习者的学习模式。系统还会根据每个学习者的不同学习特点，对学习工具进行系统有效的分类。该系统能够根据教师设定的难度和实际测试中获得的难度数据，生成一个知识点和学习工具的网络以及一个分层结构，也就是对大量的学习资料按照一定的标准进行分类。学生可以选择知识点来学习，系统自动记录学生学习每个资源的时间。每项学习资源学完后都可以立即进行练习，所以学生可以在学完知识后立刻得到巩固和提升。

二、教师角色

  教师可以使用平板电脑或其他的教学工具设置问题，同时根据外语测试问题的特性，如涉及的知识点、需要学习的能力和难度。系统可以根据学生的过往学习习惯计算出考试的难度系数，并自动将学生回答错误率较高的问题推送给教师，还可以提供相应的教学建议，如对太难的问题、解释太少的问题等，达到提升题库的效果。为了提高教学效率和资源使用的转化率，系统可以跟踪每种资源的使用情况，包括课时数和转化的时间，当资源使用过频或过少时发出警报。该系统还监测学生对指定工具的学习情况，包括他们最近学习了哪些资料，花了多少时间，在相关测试问题上的表现如何，以便学生能更清楚地了解自己的学习情况，提高外语课的学习效率。教师可以在课堂上使用网络的系统，了解学生学习外语的情况，以便在课堂上解决学习中的各种问题。根据平台上保存的各类数据，测试系统对试题库中的试题进行预选，去掉正确率非常高的试题和近期频次过高的试题，预选出错误率高的试题和近期少见的试题，从而给教师提供更多的试题产生方向，以提高试题质量，根据学生的需要开展学习。在个性化教学方面，该系统的学生学习信息检索功能使教师能了解学生的整体情况，包括测试分数和错误率高的题目。同时，系统的数据显示学生相应的学习时间，以帮助教师分析学生没有得到分数的原因，还可以了解特定的学生最近的学习情况以及考试和作业情况，包括他们的弱点和学习资源存在不足的情况，以便提供个性化的学习支持。

三、营造师生及生生互动的学习空间

（一）师生、生生互动

移动自主学堂采用的是先强化学习，细致讲解，再进行测试，然后在教师的帮助下再次学习的模式。在移动自主学堂中，教师可以根据学科类型、知识的特点、学生的特点、学习目标和内容采用多种类型的教学方法，系统可以自动记录学生学习和教师教学的数据。教师可以根据输入系统的数据了解每个学生的具体情况，而学生也可以通过该系统表达赞同或者不赞同，还有上课的心理活动也可以通过线上平台的表情表达出来。学生可以在学习外语的过程中相互讨论、相互交流，教师和学生可以发起与外语学习有关的主题学习活动等，以实现外语课堂上的教师和学生之间的互动。更为关键的是，可以收集一手的数据用于对学生情况的分析和管理。

（二）个性化学习

在课上学习效果不好的学生或因故没上课的学生可以在课外登录到移动自主

学堂上，自行学习和课上同样的内容。虽然学生在教师的组织下进行外语的学习活动，但上课的时间主要是由教师回答疑难问题或者是内容的讲解上。在课外，移动自主学堂根据每个学生的学习进度和最近的学习情况，以及每个学生的关键学习点和经常出现的错误进行有针对性的学习内容推荐。基于学生以往试题的错误内容，教师也可以提供个性化的指导。

（三）学习轨迹与成长记录

移动自主学堂可以记录学生学习过程和学习习惯的详细数据，结合教师的指导，学生可以将这些数据充分地利用到平常的学习过程中。

四、移动自主学堂教学模式的设计

移动自主学堂包括学生、教师和管理员等多个主体，他们都可以通过网络或平板电脑与服务器链接，以执行必要的功能，如创建问题和作业、分配家庭作业和考试、提出问题和纠正作业。

网络浏览器的方式为管理员和教师提供了一个管理用户界面，方便他们使用计算机进行系统管理，包括设置系统参数、管理用户、管理问题和题库、管理考试和分析教学质量。

基于平板电脑可以实现所有功能：管理员可以报告指定教师和班级的状态；教师可以创建问题、分配任务、纠正作业并实时检查学生的学习情况；学生可以实时学习、考试和练习等。

IT环境下的移动学习模式是以"移动自主学堂"为基础的，还开发了"四课型"的渐进式自习方法。基本模式如下：先学习，集中授课，后复习，再学习，即教师提前通过学习支持系统向所有的学生发送一个学习资料的整合，其中包括教科书、教学大纲、试题和相关学习工具（包括微视频等）；学生使用资源包，根据课本进行自学，并记录问题或疑问；预测的学习支持系统，采用测试的方式，对学生或教师展示的重要复杂内容，在提问和互动的基础上进行总结（师生互动）；最后利用学习平台进行课堂实践评估，系统自动提供统计测试结果和分析，之后由学生和教师谈话，进行评价。

第二节　云计算网络移动自主课堂的改革突破

移动自主学习是一个建立在无线网络上的课堂学习支持平台，它充分利用无线连接的特性，允许教师使用支持课程的资源，如备课和活动，并根据学习目标、学习内容和教学方法建立知识点之间的内部联系。由这个课堂学习支持平台支持的教学可以满足以下五点要求：

第一，它符合课堂教学的基本要求。移动自主学堂不像慕课和翻转课堂学习那样不能对教学过程中的各方面做好支撑，移动自主学堂可以支持课堂教学的所有方面，包括备课、上课、提问、课堂作业、单元测试、考试、学生评估等，而且可以更加快速和方便。

第二，可以随时随地在课堂上讲课。慕课的教学方式有许多的不足，翻转课堂也无法实现实时教学，但有无线支持的移动自主学堂可以实现随时随地的教学。

第三，支持多样化的学习模式，包括慕课模式和翻转课堂模式。慕课是典型的第一教学模式，而翻转课堂是第一学习模式。

第四，它根据学生的能力进行教学。大数据被用来自动或手动提取教学行为和学习行为等数据，并建立评估系统和数据挖掘模型，以客观地评估学习效果、教学效率和学生分析。在这些数据和评估数据的基础上，将根据学生的需求来实施教学。

第五，它支持学习资源的开放和共享。基本上，移动自学支持各种学习方式和学习方法。

一、构建外语自主学习的移动课堂

自主学习（意义学习）是相对于被动学习（机械学习、他主学习）而言的，是指教学条件下学生的高质量的学习。概括地说，自主学习就是"自我导向、自我激励、自我监控"的学习。学生明确提出课前自学，提出疑问；教师在课堂上引导学生分组讨论，解决问题，对一些共性问题进行点拨。

我们强调自主学习、合作学习、探究学习，要把所有学生的学习都提高到一个自主学习的高度。自主学习就是学生自我导向——明确学习目标，自我激励——有感情地投入，自我监控——发展学生的学习策略和思考策略，作为教学的一个目标，应通过具体真实的问题解决才能更好地明确解决问题所依持的原理，让学生能把这一原理应用到更广泛的情境中去。以往的教学方式试图给学生灌输知识，让他们按照教师的指令学习，并简单地重复现有的正确结论的初始学习方式，限制了学生的思考，削弱了他们提出问题的机会，扼杀了他们的创造力。

自主学习的特点有以下几点：学习者参与制订有意义的学习计划，确定自己的学习方案，并参与制定评估指标；学生进行一系列思考和学习策略，并从不断的失误中学习到知识；学习者在情感上参与学习过程，得到内在动机作为学习的支撑，并能从学习中获得良好的情感；学习者在学习过程中能自我鞭策并根据学习的情况调整其认知表现。

自主学习意味着最大程度地认可学生在学习过程中的自觉和主动性，在内容、时间和节奏方面给予他们更多自主行动的支持，并给予他们做出自己的决定、选择和承担的机会。自主学习是一个能有效促进学生个人综合发展的学习过程。只有当学生的自主性得到了发挥，这时候进行的学习才能真正被吸收。当学生感到教师和家长对他们学习的内容非常关心，他们对所学的东西也就产生了兴趣和学习的动力，在学习的过程中会积极地表现。如果在完成任务时能得到适当的建议，他们便会看到学习的意义是真正存在的，觉得学习外语充满了乐趣，认为学习的过程是充实的。为了培养学习者的自主性，重要的是创造出更多让学习者参与自己的学习情境和学习环境。

二、构建外语合作学习的移动课堂

合作的学习方式是指在学习活动中组织学习，与传统的个人学习和竞争中的学习在定义上是不同的。它指的是学生之间的互动和合作以及教师和学生之间的平等互动和沟通过程。学生不再是单独地学习，而是希望与他们学习的伙伴一起在合作中沟通提升学习的能力，分享他们在学习和生活中的进步与错误。合作是一种开放的沟通形式，培养合作的品质和与他人合作的意愿是建立人际关系的基础。合作学习强调学习者在小组或团队中的相互支持，对一项共同的任务有明确的责任，合作学习需具备以下要素：对一项共同的任务积极承担个人责任；积极的同伴支持与合作，特别是在促进交流的日常互动过程中；努力提高交流和学习的效率，在小组成员之间建立和保持信任，有效地解决小组内的冲突；对个人任务进行一定程度的小组合作；评估联合活动的有效性，并找到提高功能性的方法。

合作和个人责任都是优秀的个人品质，是良好的教学和学习的主要内容。合作学习的模式，可以把个人之间的竞争矛盾转化为群体之间的竞争。合作学习则有助于培养合作的精神和集体意识，以及竞争意识和竞争力，在温馨的团队氛围中学会如何合作学习；合作学习也有助于使教学适应学生的需要，能解决一位教师在教授大量能力不同的学生时遇到的种种困难，从而实现真正发展每个学生的目标。在进行合作学习时，学习者的积极参与、密切互动和自信心使教学过程远远超过了认知过程，也是一个交际和审美过程。

实践经验证明，提高学生外语成绩的有效方法是提高学生的情感和社会意识方面的发展，而不是简单地注重促进学习技能。合作学习在帮助学生通过合作来锻炼社会技能方面起到了不可替代的作用。领导能力、社会技能和民主价值观等内容都可以通过小组的合作学习活动得到充分的发展。

三、构建外语探究学习的移动课堂

教师在课堂上要积极开展探究式教学，让学生不仅知其然，还要知其所以然。探究教学的含义是在教学过程中构建有教育性、创造性、实践性、操作性的学生主题参与活动为主要形式，以鼓励学生主动参与、主动探究、主动思考、主动实践等为基本特征，以教师合理、有效的引导为前提，目的是实现学生在各个方面能力的综合发展，并促进学生整体的全面发展。与探究式学习相比，还有接受性学习的方式。接受性学习将学习的内容直接展示给学生，而探究式学习则以设问的方式展示学习内容。与接受性的学习相比，探究式学习以解决问题为发展的方向，具有实践性、包容性和开放性等优势。在体验探索的过程中，可以获得知识和情感体验，建立知识体系和学习解决问题的技巧，是探究式学习的三个逐步的计划。

探究式的学习也有助于培养学生高水平的智力能力，如对学习的热爱和理解、对事实的尊重、客观理性的批判性思维、对自身不足的理解和接受的过程，以及对美好事物的关注。好奇和创新的特质意味着一个人不会做出停滞不前、因循守旧和破坏规则的举动，而是始终努力改变，这就是为什么创新、探索和发展是健康人格的重要组成部分。探究的过程始终充满着创新和冒险的精神，不会保持不变,而且对一个人的人格是有利的,可以帮助人格充分发展。通过这种探究式的学习,学生可以通过发现问题、实验、行动、研究、信息收集和处理、表达和交流等独立活动,获得知识和技能,培养情感和态度,特别是探索精神和创新能力以及学习风格和学习过程。高等教育中基于研究的外语教学过程有:启发引导→自主研究→讨论深化→归纳总结→应用创新。

探究学习教学基本思路:明确学习目标,带着问题去学习探索新知识,可通过预习列出知识框架,找出疑难点,查找资料,尽可能先解决。课堂上,教师要走下讲台,到学生中间去,当好导演,要调动好课堂,让学生在课堂上有问题可以提,有问题可以探究,有问题可以通过小组合作来解决。要允许学生发表不同的观点,教师只在一些科学性的问题上给予明确答案,适时进行点拨指导,如果学生提不出问题,教师就要事先准备好有探究性的问题。不同类型的内容有不同的探究方法:有新知识点的探究,有概念间区别的探究,有科学家研究问题思路的探究,有探究性实验的设计,有探究性问题的资料研究,有对照实验设计探究,有实习、实践与问题探究等。

四、教师落实外语移动课堂教学模式

教师走下讲台,努力创造活跃的课堂氛围,可以使学生迅速进入情绪高昂和智力振奋的内心状态,这样才能有效促进学生思维方式以及思维过程中能力的迁移,达到培养学生联想类比能力的目的。这就是"激趣—探究"教学,其基本模式为:激发兴趣,提出问题,做出假设;设计方案,分组实验,合作探究;分析数据,发现规律;综合考虑,得出结论。这种教学模式真正使课堂成为一种民主、和谐、共进的平台,最大限度地提高了学习的自由度。它改变了师生在课堂中的角色定位,学生成为课堂的主角,教师担当了导演,通过教师的"导",让课堂成为一个真正的"学习共同体"。教师与学生分享彼此的思考、经验和知识,交流彼此的情感、体验和观念,共同创建一个"合作型的课堂",使师生在合作的过程中都能有所收获,真正实现师生的共同发展。教学从"主体失落"走向自身觉醒,意味着教学主体的回归,意味着教学过程是一种对话。学生从边缘进入中心,教学需要重视学生的多元化,需要教学回归学生的现实生活。

教学的重点是学生个人的整体发展。"发展每一名学生""树立每一名学生的信心，使每一名学生成功"等口号，目的都是要努力使学生的智力和人格得到充分的发展。提倡以个人方式进行知识创造，学校的教学过程应鼓励学生对发现问题和创造过程的兴趣，满足他们主动探索世界的愿望，使他们能发展独立思考和终身学习的能力。由于我们生活在一个知识信息爆炸的时代，知识的数量是无限的，教师能教给学生的只是所有知识的一小部分，只有通过积极主动的探究活动，学生才能对自然界有一个客观的和不断深入的了解，并形成坚实的概念和体系框架。从"组织学习"到"激励"的转变，从"教授知识"到"活跃知识"的转变，从"巩固知识"到"激励"的转变；从"巩固知识"到"主动学习"，从"学习知识"到"实践创新"，从"检验知识"到"互相交流"。

第三节 构建网络移动自主课堂教学的重要性

一、帮助学生获取知识渠道的多元化

随着科学和技术的发展，特别是信息技术走入大众的家庭，改变了学生的学习方式。电子白板和移动学习终端等学习和教学工具改变了教师的讲授是唯一知识来源的传统情况。移动自主课程方式的开发给了学生更多的信息、更多的探索机会和更丰富、更有趣的学习方式，还能让学生从被动学习变为主动学习，从而真正地融入学习。

二、激发学生学习热情，改变师生角色

移动自主课堂和翻转课堂等方式的最大优势在于它增进了课堂中交流互动的体验感，因为教师的角色已经从课堂的掌控者转变为引领学生学习的人，教师可以有更多的时间和精力与学生进行互动，从学生的互动中吸收教学的经验，并有时间单独指导每个学生的学习。在这样的环境中，学生感受到老师是在指导他们的学习，而不是在教他们，他们不再因为害怕答错问题而产生畏难的情绪，可以充满兴趣地学习。

三、促使学生自主掌控学习的主动性

每名学生的学习能力和兴趣都是不同的。"移动自主课堂"利用教学视频，使学生能根据自身情况来安排和控制自己的学习，真正实现分层教学，每名学生都可以按自己的速度来学习。学生在课外或回家看教师的视频讲解，完全可以在轻松的氛围中进行，不必像在课堂上教师集体教学时那样紧绷神经，担心遗漏什么，或因为分心而跟不上教学节奏。学生观看视频的节奏快慢全靠自己掌握，遇到熟练的知识可以快进跳过，不熟练的知识可以倒退反复观看，也可暂停仔细思考或记笔记，甚至还可以通过聊天软件向老师和同伴寻求帮助。

四、移动自主教学模式

移动自主教学模式将这种传统的课堂进行了一次翻转，学生成了课堂的主体，他们在教师的引导下合作探究、互相讨论，彼此之间协作竞争、互相提高，并且教师在教学的过程中，教学水平和业务能力也会相应提升。

五、改变课堂管理

在传统的课程影响下，教师必须充分注意教室里每个学生的动作和每个知识点是否给学生讲授清楚。教师不可能将每堂课都变得充满乐趣，如果知识点很复杂，或者教师准备不充分，或者有些学生心不在焉，这些学生可能无法跟上老师讲的知识重点，就会出现厌烦的情绪，或者做出一些小动作，影响其他学生的正常听课。由于引入了移动自主课堂和翻转学习模式，每名学生都可以参与到活动或小组工作中，那些对学习不感兴趣、扰乱课堂的学生也没有了表演的机会，课堂的管理问题也就容易解决了。

六、营造个性化的学习环境

翻转课堂让学生在课前充分熟悉课本内容，增加课堂上学生学习内容熟悉的时间，从而提高教师教学的进程安排。并且教师在授课的过程中，可以将学生代入多样化的学习过程中，学生可以学会如何在合作中更加高效地学习。这适合不同水平学生的教学活动，学生能够根据教师安排的课后作业完成理想中的学习目标。

在使用翻转课堂时，基本的计算机技能很重要，但纯粹的信息技术技能学习起来缺乏一定的趣味性，学生也不喜欢学这些枯燥的知识，所以教师可以为学生创造一个个性化的学习环境，让他们更好地学习和使用翻转课堂。例如，现在的学生对电脑游戏充满了兴趣，为了帮助学生更好地掌握电脑的基础知识，教师可以制作一些有趣的小游戏，比如连连看等，让学生边玩游戏边学习，学会电脑操作的方式。这样学生不仅学得更有信心，而且利用团队游戏的模式还能一起探索，完成整个学习的过程，这也大大提高了学生的合作能力。

七、提升教学效果

移动自主学习模式下，我们需要思考的是如何把学生带到一个学习的环境，引导学生主动地去学习，帮助学生成为更好的学习者。在此模式下，教师有精力、有时间去获取新知识和新理念，以便不断丰富自己。这样的 45 分钟课堂不再是"满堂灌"，而是在学生最需要的时候，用高度概括的语言把知识精要讲给他们，重视知识的生成过程，教会学生归纳概括的能力，做到有的放矢，真正做到讲课的高效、学习的高效、时间的高效、效果的高效等。

八、构建互动、协作、探究的学习模式

学习的过程不是学生独立完成的事情，它需要教师与学生通过交流、互动来共同完成，在这个过程中学生完成了知识的内化。但是传统的课堂上，这种知识的内化实现起来非常难，因为教师面对的是全体的学生，而移动自主学习将内化的过程拉长，学生不仅可以在课堂上通过学习得到知识，在课堂外也照样能习得知识，还可以利用多媒体及网络来实现教师授课的随时暂停、反复播放等有利于学生反复观看、揣摩、思考等行为的实施。结合翻转课堂也能实现教师与学生、学生与学生之间的互动，以合作探究小组的形式一起探究，最终达到学会的效果，并且能灵活地进行知识的应用。

因此在平时教学过程中，教师应该专门建立一个学习、交流的平台，然后将自己制作的课件或者是攻克难点和重点的过程放在这个平台上，供学生下载学习。有了这个平台，学生就可以随时随地学习、复习这些知识，即使有些学生在上课

的过程中没有听懂，在课下自己学习和再复习的时候，也能慢慢地理解这些内容，这就是翻转课堂的一种方式。

九、促进教学评价的改变

引入移动自学课堂+翻转课堂后，学习评估的方式也发生了一定的变化，不仅要评估学生的学习成果，还要以学生档案的形式评估学习的全过程，不仅要把结合定性和定量评估的方法结合起来，还要结合终结性评估，并辅以形成性评估。此外，移动自学+翻转课堂还将学生的自评和互评结合起来对学生进行综合的评价，不仅让学生知道自己错在什么地方，下次如何改正，也让其他学生更好地监督和评价自己。这样可以让学生随时看到自己的不足，随时根据评价内容调整学习的方向。

第八章 "互联网+"背景下的智慧课堂教学模式

　　本章从"互联网+"背景下高校外语智慧课堂教学模式构建、"互联网+"背景下高校外语智慧课堂教学模式的实践条件、"互联网+"背景下高校外语智慧课堂教学模式的教学目标、"互联网+"背景下高校外语智慧课堂教学模式的教学活动、"互联网+"背景下高校外语智慧课堂教学模式的教学评价以及教学实践过程五个方面展开论述。

第一节 "互联网+"背景下高校外语智慧课堂教学模式构建

随着互联网技术的更新发展，信息技术在不断进步，"互联网+教育"的定义出现了，并且向着信息化和智能化方向迈进。近年来，教育部的教育信息化十年发展规划（2011—2020年）》《教育信息化"十三五"规划》《教育信息化2.0行动计划》等都明确提出了将信息技术融入教育教学，不断利用互联网平台等新发展的方式，丰富课堂学习的过程，充实智慧人才的基本理念。基于这一愿景，智慧课堂也应运而生，信息技术和专业知识的融合在其中得到充分体现，为教育改革和大学一流课程的开发提供了新的思路和发展的方向。

在新时代的发展进程中，高等教育正朝着国际化、智能化方向改革迈进，外语教学的智能化是未来发展的愿景。新的教学平台和技术的出现，外语教学迫切需要新的视角和方法来寻找传统中的新突破。创建智慧课堂是新时期外语教学的要求，为外语教学的发展提供转变的方向。鉴于此，本节试图在建构主义学习理论的基础上，利用现代信息技术将外语教学进行新的发展和变革，基于智慧课堂的方式建立课前、课中、课后三个阶段的外语教学模式，为高校外语教学改革和建立一流外语课程提供参考和指导。

一、外语智慧课堂的概念及内涵

时代的发展对人才培养的方式提出了更高的要求，传统的教学模式已经不能满足教学的要求，新的需求在呼唤一个新的教学方向。"互联网+"时代的到来，使得智慧课堂的形式成为研究者关注的中心。近年来，国内外研究者从不同方向对智慧课堂进行了解读，但到目前为止，国内外对智慧课堂还没有统一的定义。在前人研究的基础上，作者认为，智慧课堂是以建构主义学习理论为基础，将"以人为本"的理念为指导，利用云平台和大数据等新信息技术打造的创新、智能、高效率的课堂。其目的是利用先进的计算机技术，提高现有教室的智能化程度，培养一定规模的有创造性和创新性的高质量人才。

智慧外语课堂是前沿的信息技术与外语教学充分结合而产生的，能将外语教学的特色充分发挥出来，最大程度地发挥信息技术在教学中的作用。教学活动要围绕学生进行展开，让学生发现自己学习的潜能，培养学生的学习视角、跨文化交流能力、团队合作能力以及反思和创新能力。智慧外语课堂是一种高效、优质的学习体验：第一，它是一个基于建构主义学习理论的卓越设计。第二，智慧外语课堂利用信息技术创造一个智能的学习环境。第三，外语智慧课堂具有人性化的教学理念、完善的教学设计、智能化的学习活动、开放的学习时空、差异化的学习评价。第四，利用信息技术打造理想的教学平台，重构课堂教学结构，改变传统的课堂教学模式，实现智能化教学和个性化学习的统一，根据每个学习者的个人发展轨迹，促进成长和发展。

二、外语智慧课堂教学模式的构建

建构主义学习理论是近年来比较流行的教育理念，不仅可以指导传统课堂的教学过程，也适用于信息技术影响下的智能课堂教学。建构主义学习理论主张教学过程中的主体是学生，教师在整个学习过程中也不能被忽视，而是起着引领学生的作用，学生是知识意义的主要参与者和积极建构者。外语课堂设计以学习者为中心，以创新能力为导向，强调学生在整个学习过程中的核心作用和地位，充分调动学生的能动性，激发学生的好奇心，提高学生的思考水平、创新能力和跨文化交际能力，达到培养高质量人才的最终目的。因此，基于以人为本的教育理念，外语智慧课堂的设计应从四个角度出发：信息技术环境的构建、教学目标的构建、教学流程的构建和教学评估的构建。

（一）信息技术环境的构建

智慧课堂的发展需要高水平的信息技术作为技术的支撑。外语专业的智慧课堂必须具备：无线网络、教师和学生终端等条件。要在专用教室（如智能教室、沉浸式教室等）进行教学，才会达到更好的教学效果，教学的效果取决于教师为不同的学习方式选择的环境是否符合智慧课堂的条件。随着雨课堂、课堂派、超星学习通等智能学习平台的广泛应用，创建外语智慧课堂成为可能。外语智慧课堂的学习平台应该满足以下需求：资源流动、评论和聊天、实时反馈、资源共享、作业发布、考试测试等。在众多智能学习平台中，超星学习通是目前最受大学欢迎的网上平台之一。该平台不仅具备了各种智能学习的基础功能，并在课前、课中和课后的所有过程中发挥着教学的作用,这些功能的发展使其成为最全面的智能学习平台。该平台可以满足外语教学中智能学习的需求。

1. 建构硬件环境

创建智慧课堂的第一步是建立一个有不同功能种类的现代智能教室。配备不同类型的硬件设备是设计出一个合格智慧课堂的关键,它既能实现传统教学的基本功能,又能考虑到学生的参与程度、教学反馈程度和学习目标的实现程度,更好地完成学习任务。

在智慧课堂的教室中也可以安装指纹或面部识别设备,在有信息技术支撑的情况下,可以链接到每个学生的手机 IMEI 号码,引入 NFC 方式的打卡和两次扫描的双重考勤,更加方便地将数据传输到学校服务器上,在上课前自动记录学生是否已经进入课堂和特定科目或班级的考勤情况,为教师节省计算学生人数的时间。除了可以提高考勤过程的效率,它还可以记录学生在教学过程中的实时状态,并根据摄像头的面部识别功能评估他们的学习是否顺利,能够显著提高学生对外语课的参与度。在教学方面,应配备电脑、可供投影的屏幕以及移动设备等。课堂硬件功能的实现应该以网络硬件为基础,快速传递学习信息,教师可以将学习资源投射到屏幕上,在移动设备上处理的内容也可以投射到屏幕上。此外,当出现需要学生参与互动环节时,学生可以作为参与者与课程互动,回答顺序、反应时间和班级分数可以显示在大屏幕上,以便在每节课结束时对学生的参与和学习进行有效评估。教师可以利用互联网将学习内容传递给学生的移动设备,甚至为学生提供可以在移动设备上完成的任务,让他们在屏幕上共享实时的消息,在听课时交叉引用每个学生的不同理解和想法。但是教师还要注意在上课时降低学生对移动设备的沉溺,以避免学生过于依赖手机来参与学习过程。

教室里还应该安装更多的收音话筒和音响。智慧课堂要求每位教师拥有 6 个以上的收音机,至少 4 个墙面扬声器,4 个可以旋转的摄像头,以及教师办公桌上方的一个主摄像头。这将使学生能沉浸到智慧课堂的良好体验中,在家里也能有在学校学习的紧张感。可以借鉴学会学习的模式,例如,学生可以使用他们的手持计算器选择一个题目来回答,屏幕上可以显示每个学生选择答案的统计数据。此外,教师可以为学生提供学习工具,学生可以反思自己的选择,一旦教师传达了正确的答案,他们就可以根据这些选择来针对错误产生的原因进行个性化的分析。

2. 建构软件环境

对智慧课堂的发展来说，提高硬件的配置是最基础的一项内容，但软件资源的升级却比较困难。通过构建智慧课堂的过程，教师和学生可以利用基于硬件的学习资源和想法分享的便利性，展示一个多样化、生动活泼、贴近现实生活的学习资源数据库。数据库的建立不是单纯学习资源的分享，而是建立一个内容不断循环更新、与时俱进的数据库。教学人员可以通过收集互联网上的外语教学资源，访问国外大学的网站、知名阅览室等不需要付费的海量学习内容来不断开发和填充学习数据库的内容。对音频文件，可以使用 Adobe Audition、Sound Studio、Gold Wave 等软件处理；对视频文件，可以使用 EDIUS、DaVinci resolve、FilmoraGo、light works、Movie Maker 等先进的软件。对图像文件，可以使用 Photoshop、Fireworks 等。

教师可以使用个人的数据库设计模型。一线的教师由于具备丰富的教学经验，可以在业余时间里，根据自己的教学风格收集教学资源，包括编写教案、教学示范等。多种多样的在线学习资料可以满足学生不同的学习偏好，提高学生的学习积极性；自编的学习资料有不同的编写方案，符合教师个人的教学实际情况。教师在课堂教学时，可以根据自己的实际需要，从数据库中选择和使用不同的学习工具。

（二）教学目标的构建

教与学的开始是教学目标的设立，教师应在备课前就设定好教学的目标，决定未来学习活动的方向。目标的设立要和课堂的实践有机地结合起来，智慧课堂的目标应该被设定得明确而具体。智慧课堂模式将以学生为中心的智慧学习作为核心学习目标，利用学科标准制定和明确课堂学习目标，设计能完成教学内容的学习环境和课程，让学生主动从知识中构建意义。同时，在教学设计中体现智慧课堂的教学理念、教学方法和学习工具，将知识、能力和情感目标落实在具体的教学实践当中。

（三）教学流程的构建

课程的教学流程是智慧课堂的关键之处，也是智慧课堂教学的实用指南。外语的智能课堂教学设计将教师的"教"和学生的"学"融为一体，利用信息化高度发达的学习平台，实现教师与学生、学习者之间的多种互动。

教学前的阶段：以学习分析为中心内容，教学目标的制定要根据学生的具体情况。教师利用信息技术学习平台分析学生的学习方法和任务，归纳学生的历史成绩和作业的完成情况，准确捕捉学习相关信息，并通过教师的账号系统向学生发送学习资料、预习任务和其他材料。收到预习材料后，学生根据预习情况及时完成预习任务，教师根据学生的预习情况，分析预习的复杂点，相应地调整节奏和重点，准备好合适的教学计划。

在课上：课上的交流是在学习过程中能做到反思的关键。教师通过课堂前的反馈设置背景来引入课程，学生专注于听取自己在预习过程中遇到的难点，解决他们遇到的问题。教师利用信息技术平台提供新的学习计划，组织和引导学生进行合作探索，加深他们对知识的理解。为了完成学习任务，学生参与协作学习和联合调查，教师使用该平台创建额外的测试、评估学生的学习，学生参加当堂的测试，并收到实时反馈。根据课堂评估和随堂测试的结果，教师重点关注并对难点进行讲解，强化薄弱环节，提高关键点，加深师生交流。学生通过与教师或其他同学的互动交流和接触，反思自己，提高自己的知识构建能力。

课后阶段：注重个性化的指导过程，以达到提高思维能力的效果。教师利用信息技术平台，根据学生课前和课中的学习情况，完成课后学习任务。学生按照自己的节奏完成学习任务，并通过平台提交给教师，教师进行纠正，及时提供反馈和个性化指导。学生通过该平台获得作业的反馈，并与教师或其他同学互动，对作业进行总结和反思。在学生已学习完毕的基础上，教师对整堂课从多个角度进行反思和评价，并进行总结和改进，以便及时对课程进行完善和调整，为下一堂课服务。

（四）教学评价的构建

教学评价是教学的一个必要的组成部分。评价的过程要以教学目标为基础，通过分析和评价教学过程中的不同要素，获得对教学过程和结果的水平测量，从而指导教师进一步调整教学，提高学生学习的兴趣。智慧课堂采用全程智能的、基于过程的评价方法，利用信息技术平台清晰地记录学生在各个阶段的学习情况，从而为教师提供一个全面客观的视角，便于了解学生本身和学习的本质情况。智能教学的评估指标是多样化的，不仅评估学习成果，还评估学习能力、学习方式、学习兴趣和其他许多维度的内容等。这种评估的多样性体现了"以人为本"的学习理念，促进学生明确未来的发展方向。

第二节 "互联网+"背景下高校外语智慧课堂教学模式的实践条件

一、移动终端设备

灵活运用智能移动设备是智慧课堂教学的巨大技术优势，有了智能移动终端作为技术支持，智慧课堂教学可以发挥更大的作用。随着信息技术的提高与广泛应用，智能移动终端十分常见，包括了智能手机、平板电脑、智能手表等。智能移动终端具有便捷性、实时性等特点。特别是在当前快节奏的生活状态下，利用智能移动终端在碎片化时间中学习，已经成为当代社会人们的常态。在技术的支持下，智能移动终端可以打破时间和空间的束缚，让学习者随时随地进行学习。

智能移动终端和PC相似，硬件方面都需要CPU、存储设备及输入输出等硬件设备。可以说，智能移动终端是具有通信功能的微型便携计算机。

在操作系统的基础上，越来越多的移动应用出现了。这些移动应用几乎满足人们生活方方面面的需求，随着科技发展，智能移动终端的功能会越来越丰富并更加人性化，为人们提供强大的技术支持。

当前我国高校大学生应用最广泛的智能移动终端是智能手机。因此，将智能手机的优势应用在高校课堂教学中将会有广阔的发展前景。智能手机最基础的功能就是通信社交，手机自身的通话和短信功能，加上微信、QQ等社交软件，可以为师生交流、资料传输提供基础的条件。利用智能手机的网络搜索能力，学生可以随时随地查询信息和资料，节省了大量的时间。随着手机App开发技术的不断进步，教育类App种类也愈加丰富，高校学生可以根据自己的学习需求选择相对应的手机App来学习，弥补日常课堂学习的空白。另外，智能手机的拍摄和录音功能可以帮助学生进行课堂记录，学生将教师上课录制成视频或音频后，在课后能反复学习，实现查漏补缺的目的。手机本身也是一种多媒体设备，学生可以通过手机阅读电子版资料，观看优秀的教学视频、微课等，充分利用碎片时间进行学习。

二、智慧课堂的技术支持

智慧课堂教学需要技术支持才能最大地发挥应有的价值。当前我国智慧学习的技术指新一代的信息技术，包括了云计算、人工智能、大数据等。如今，数据资源越来越庞大，社会已经进入到大数据时代。总体来说，大数据技术具有容量大、种类多、速度快、真实性强以及高价值的特点。实现大数据的价值同样需要技术作为支持，有了数据分析技术，海量数据才有意义和价值。数据分析应用在高校教学当中，可以帮助教师对学生的学习情况进行评估，并根据数据预测学生未来的学习成绩走势，进而发现学生学习的潜在问题，有针对性地解决问题，优化学生学习效果。

另外，教师在教学过程中也会产生大量数据，在智慧课堂之下，通过智能移动终端就可以将整个课堂教学过程中的数据记录下来，实现学习轨迹捕捉的目的。通过数据，教师分析学生的学习情况，同时，教师也可以更好地进行教学反思，做出更为科学、合理的教学决策，最终实现提升教学效果的目的。

第三节 "互联网+"背景下高校外语智慧课堂教学模式的教学目标

不论是工作还是学习都是有目标性的，人们会先设立目标，再去执行，通过目标来为人们的实践活动指向，让实践有进行的方向。教学活动也同样如此，有教学目标后，教学活动才有指向性。教学目标是教育工作者通过教学活动要实现的结果，是教育工作者通过教学活动要达成的期望。智慧教学的最终目标是通过智慧课堂教学帮助学生成为智慧型人才，该目标分为两个部分，分别为总体目标和具体目标。

一、总体目标

通过智慧教学引导学生成为智慧型人才，这样的培养过程需要很长时间，同时整个过程也是在潜移默化中完成的。人类智慧的成长需要通过两个方面来共同完成，分别是人类自身对外界的主观感知和掌握，也就是理性智慧；人类自身对世界进行的具有能动性的改造，也就是实践智慧。

智慧课堂包含了更多的元素，理性智慧、实践智慧、价值智慧等，可以说，智慧课堂注重学生的理想和感性的引导，帮助学生塑造科学的思考模式和人文关怀，通过智慧课堂的教学将理论和实践结合在一起。智慧课堂是满足社会未来发展的教育模式，是具有创造精神的课堂教学方式，必然会成为未来国民教育推行的模式。

二、具体目标

教学目标的设立必然要以学生为发起点和终点，以学生的实际情况为教学引导的设定方向，进而以教学目标为学生学习行为完成的结果，不论是教师设计教学活动还是对学生学习成果进行评价，都要以教学目标为基础。一门课程的教学目标，具体来看可以分为课时目标、单元目标以及整体课程目标。课程目标是整个课程的教学活动完成后，学生应该达到的目标，一般情况下高校外语课程的设置，主要是为了提升学生的语言运用能力及语言素养能力。

课程目标由多个单元目标构成，对课程进行细化后形成的单元目标是指在完成每一个单元的学习活动后，学生应达成的能力层次。而多个课时目标共同构成了单元目标，课时目标将教学目标细化到每一个课时要求的知识点以及要培养的情感价值观。当前，对学习目标的划分更为常用和接受的是布鲁姆和加涅的学习目标分类理论。布鲁姆强调的是以形式作为切入点对教学目标进行划分，而加涅则强调以内容为切入点对教学目标进行划分。本书更倾向加涅的观念。对学习结果的分类，加涅认为不同的学习成果有着不同的学习条件。通常来说，学习成果主要是言语、知识技能、认知方式以及动作能力和态度等。

言语、知识技能以及认知方式属于认知领域，在认知领域中，言语是通过语言符号所创的知识信息。知识技能是人类主体通过符号和外界相互影响、相互作用的能力，可以分为辨别、概念、规则以及高级规则等。

认知方式是学习者为完成学习任务和学习成果而运用的各种方法。动作能力是指学习者通过练习后，对自身运动进行协调控制的能力。最后，态度是主体对他人、事件以及事务做出的情感反应，对当今大学生来说，主观态度的控制是必备的能力。

第四节 "互联网+"背景下高校外语智慧课堂教学模式的教学活动

教学活动需要师生双方共同参与，通过教学活动来完成某个特定的学习目标。教学活动与学习活动之间的最大不同之处就是两者的侧重点不同。教学活动与学习活动相比，是师生共同活动产生的综合行为，在教学活动中，教师是整个活动的引导者，而学生是教学活动的主体。在智慧课堂的教学活动中，整体教学活动的设计十分重要。当前的高校智慧课堂教学活动的设计，与传统高校课堂相比有其独有的优越性，教师在进行教学活动设计时必须注意教学活动的多元性与多选择性。智慧课堂应该体现出差异学习，因此，在教学活动中要根据学习者的各自差异，为学习者提供更有个性的教学。

一、课前预习阶段

不论是传统教学模式还是当今的智慧课堂，课前预习活动都是输出新知识的必备阶段。当今时代，学生个性十足，所以教师要根据学生的特质来进行分析，有针对性地对课堂预习内容进行设计。预习活动的资料素材要能引起学生的共鸣，为了获取更多的资源，教师平日应提升信息搜集能力，增强对信息的敏感性，这也是信息时代下适应社会发展的必备能力。教师在完成教学活动设计后，要将预习资源通过网络发送给学生，学生收到教师的预习活动要求后，进行课前自主学习。

智慧课堂教学模式下，课堂预习阶段就可以对传统课堂教学的问题进行极大的优化，具体的内容从以下环节改变。

（一）准备预习材料环节

在智慧教学模式下，高校外语预习材料的准备相比信息时代前有着极大的优势，信息资料获取渠道多样，材料有着多元化的呈现形式。通常来说，这一环节包括了微课、慕课、富媒体资源以及检测题共四种形式的预习材料。

1. 微课

微课与课堂教学最大的不同在于"微"，一般来说，一节微课的时间并不长，而且学生可以在网络覆盖的情况下通过移动设备观看外语教学视频，也可以下载后反复观看，这样可以收到更好的效果。同时，教师也可以通过对微课进行观摩来进一步总结和学习。微课呈现的是外语课堂教学的片段，可以将要表达的重点内容在较短的时间中表现出来。当前我国关于微课的网站平台建设日渐成熟，中国微课网等优质微课网站为师生提供了大量的教学相关微课作品。通过研究这些微课，教师可以互相学习、共同成长。

在高校外语教学中，教师制作微课通常也有多种方式，通过移动设备的摄影功能或者录屏软件都可以完成。制作微课的第一步就是要确定微课的制作内容和主题。准确的选题可以为微课的成功制作打下良好的基础。通常来说，在选题阶段，会选择一节课的重难点，如西方文化知识、语法难点等，教师往往在十分钟左右的时间完成内容讲解。微课制作的第二步是准备教案。教案要以外语教学活动设计为大纲。第三步是准备课件。第四步是录制视频。在录制微课视频时，教师要学会变通，运用合适的方式来录制微课。微课视频质量要求画质和声音清晰且音画同步，镜头不要晃动。第五步是对录制后的视频进行后期制作。教师对视频可以进行美化和编辑。同时，后期制作过程也是检查视频质量的过程，对视频当中的空白或是错误的部分要进行删除或者补录。后期制作可根据需要，对视频添加片头和片尾，制作完成后将编辑好的视频导出。最后教师要进行教学反思，教学反思并不意味着闭门造车，而是与其他教师及学生交流，听取其他教师与学生的意见和建议，从而提升自身的外语教学水平和制作微课的能力。

2. 慕课

随着信息技术的发展，慕课这种新兴的在线课程资源受到社会的欢迎。慕课有更强的开放性，不论校内师生还是社会上的学习者，都可以获取观看。慕课的这种开放性和社会性使得慕课受到更多的重视。当前，慕课在世界各地的高校也获得广泛重视，在国外慕课领域快速发展的同时，我国的慕课也在不断进步。随着智能手机的普及，我国慕课网站也纷纷紧跟时代发展，面向智能手机用户推出了应用软件。这样一来，高校学生就可以通过智能手机随时获取优质教学课程资源。因此，高校教师在预习阶段可以搜索与课程相关的外语教学资源，并通过互联网发送到学生的智能手机，学生通过智能手机，随时随地可以观看精品慕课教程。通过智能手机观看慕课，不仅可以享受电脑端同样的服务，还更加方便，更利于调动学生的兴趣。慕课的运用可以为课堂教学提供更多的参考，可以有效地开阔学生的视野和思维。教师通过对精品慕课资源观摩学习，可以获得更多的教学灵感，丰富自己的课堂教学内容，让课堂教学变得更加精彩充实。

3. 富媒体

在信息技术发展的时代下，依托网络，各种媒体形式传播着海量的信息。富媒体就是指在互联网时代下各种媒体资源信息的融合与交互。在智慧课堂教学的课前预习活动中灵活运用富媒体可以获得更好的教学效果，在预习活动阶段选择富媒体资源是教师的重要工作。在对富媒体拣选的过程中，教师应该注意以下两个要点：首先，应当根据学生的实际情况以及课程目标，选择合适的学习资源。教师选择的教学资源应该充分考虑到此次课堂教学内容，尽量与教学内容贴合，最好与课堂教学内容形成互补，让学生学习更多的外语知识，不断提升学生的跨文化交际能力。其次，就是在推送方式方面，教师也应该充分思考。推送形式包括了网址分享、慕课视频、多媒体课件等。教师在推送方面根据实际需要和实际条件，通过恰当的推送形式来完成教学资源的传送。

4. 预习检测题

设计预习检测题的目的是对学生的预习效果进行测试。通过预习检测题，教师可以对学生的预习情况有所掌握；通过分析检测成果，教师可以对外语教学内容进行适当调整。所以，预习检测题的设计必须贴合外语课程内容，检测题的难度要符合学生的学习规律。为了保持学生的学习热情，检测题要尽量贴近实际。智慧课堂教学重视的是学生个体知识的系统掌握，能对知识进行归纳和建构，所以预习阶段的检测题难度要适中，既有挑战性又兼顾趣味性，从而激发学生的外语学习热情。预习测试题的题型形式及内容要灵活，可以是客观题，也可以是主观题；可以是中西方文化差异的对比，也可以是词汇、语法的检测。检测题的发布与收回通过智能手机就可以完成，教师通过手机软件随时可以查看学生的掌握情况，从而有针对性地准备课堂教学内容。

（二）资源输送

在线学习平台为教师提供了资源输送的平台，学生可以通过平台收到信息，同时，教师也可以通过平台为学生规定预习截止时间。通过线上平台教师可以输送各种类型的资源以供学生学习和教师查看学情。输送的信息资源形式多种多样，可以提升学生的学习兴趣。

（三）自主预习

学生在接收到教师发送的预习资料后，就进入了自主预习阶段。智慧课堂教学在预习阶段与传统课堂教学不同，智慧课堂建立在信息技术上，因此教师可以随时掌握学生的预习情况，也就是说智慧课堂的自主预习具有可控性。教师通过平台，可以直观地掌握学生的预习情况，并且能及时对学生的预习数据进行分析，从而发现学生在预习过程中遇到了哪些难点，并做好教学记录，在实际教学中可以有针对性地讲解。

（四）线上沟通

通过线上平台教师和学生可以充分沟通。教师发布外语知识预习资料后，学生可以对教师传输的预习资料提出意见和想法，学生也可以向教师和其他同学推荐自己认为优秀的学习资料。同时，在预习过程中，学生发现无法解决的问题时，可以通过平台第一时间提出疑问，学生之间可以相互沟通交流，探讨如何解决问题，而教师也可以在这期间进行简要的解释，帮助学生开拓思路。师生之间的课前交流有利于丰富教师的教学方式和方法，学生可以给教师提供更多的思路，由于教师和学生的角度不同，学生站在自己的角度提供的教学设计思路，能给教师的教学设计提供更多的策略。师生的有效沟通不但可以提高课堂教学的质量，还可以增进师生之间的感情。

（五）方案设计

在课前预习阶段，教师与学生交流和对学生预习情况进行分析后，对教学方案将会进行优化。教学设计的优化将涉及几个方面：一是对学生的预习情况进行一致性检测。这个过程是对教学活动进行检测，确保能使教学设计与教学目标相一致。二是考虑教学设计能否增加或改变教学的外在方式。三是要思考在课堂教学当中是否可以将教学过程中的任务类型进一步丰富。四是考虑在课堂教学中是否能有效调动学生的学习积极性，提升学生的参与度。五是要思考如何通过课堂教学提高学生的学习热情，在完成课堂教学任务后，继续扩大学习成果，吸收更多的外部知识。

（六）预习心得

学生在完成自主预习后，可以在平台写下自己的预习心得。这一步骤的意义在于让学生对自己的学习活动进行反思，通过反思进行自主思考，对自己的学习进行评价，让学生对自己有更多的认识，总结自主学习经验，为以后的学习活动提供经验和借鉴。

二、立体互动的课堂教学过程

在传统的外语教学实践过程中，教师是学习过程中居于主导地位的一方，即教师讲课，学生听课。教师和学生之间的互动不是双向的：教师指名提问，学生回答；教师布置作业，学生在课后完成。可以说，在传统的外语课堂上，互动的过程缺乏创造性和创新性，学生完全被教师的教学引领着走，这就很难调动学生对学习的兴趣，实现学生成为教学主体的目标。

课堂互动是智慧课堂的一个优于其他教学模式的内容。在智慧课堂上，学生的积极性更强，成为教学过程中的主体，而教师在学习活动中起到了组织和引领作用。智慧课堂中的师生互动也不同于以往的课堂教学，教师和学生不仅通过语言进行课堂上的交流，还通过在线学习平台进行互动，使师生互动更加多样、持续和有效。利用互联网作为技术支撑的在线学习平台，学生和教师可以利用多样化、可持续和有效的方式进行交流。智慧课堂的学习活动将通过以下过程实施：

（一）师生整理以及确定问题

关于在课前预习阶段的问题，学生和教师可以通过小组的形式进行确定。无法通过小组合作初步解决的问题将通过在线平台发送给教师，教师会对每个小组讨论的内容进行总结的分类，找出典型问题并有计划和目标地进行解释。这种方法不仅提高了课堂学习的有效性，还加强了学生的独立学习能力。

（二）情景导入

创造一个良好的学习情境有助于学生迅速融入学习环境。在信息技术的支持下，有许多方法可以创造出学习情境。一旦学生完成了预培训阶段，他们就会相对容易地参与到学习活动中。教师可以把预培训阶段的内容作为一种课堂的开始形式，帮助学生适应新的课堂环境。

（三）技术提升教学质量

智慧课堂充分采用了信息技术作为上课的手段，允许在教室里有多个屏幕，有移动设备和电脑，也有投影设备。投影技术已经可以通过无线技术使用，智能手机可以利用无线技术制作投影，将学习内容可视化，通过投影学习场景帮助学生更快融入学习环境，从而提高学生的学习质量。在预习阶段，教师已经对学生的情况有了一定程度的了解和掌握，所以教师可以在屏幕上显示调查数据，和学生可以一起分析，找出当前的问题，帮助学生更好地理解学习。此外，学习平台给了学生反馈的机会，学生的反馈显示在投影屏幕上，教师和学生可以一起讨论和解决问题。移动网络实现了教师和学生之间更加方便地互动和交流的需求，教室的桌椅也不是固定在一处的，所以教室桌椅的布局可以不同于传统的教室模式，可以是半圆形或种子树式。

在课堂上，师生互动是必不可少的，小组讨论时可以移动座位，使参与者更容易互相交流。在小组讨论中，参与者可以使用智能移动设备根据问题表达自己的想法，并在移动终端上写出计划和方案，上传至小组讨论。在教师讲解和师生讨论的过程中，学生可以在他们的移动设备上记录学习数据和学习的内容，并上传至在线云端。因为互联网技术的不断发展，学生之间可以进行合作学习，他们可以在教室外一起讨论和学习，建立学习伙伴关系。这种多方面的互动不仅丰富了课堂上的方法和内容，而且使学习在课堂外有效地继续，对培养学生的创新思维有一定的促进作用。

三、课后巩固

教师给学生布置的家庭作业是课后巩固学习的一个重要途径。课后作业的目的是帮助学生对他们在一天中学到的知识加深记忆。与课程前的预习内容相比，课程后任务更加多样化和具有挑战性，它们是为了实现外语课程和外语教学大纲的目标而制定的。有些学科，如外语会话教学，需要在高等教育的外语教学中进行交际实践。教师可以利用信息技术，要求学生对对话练习过程进行录像，并发送给教师。

在传统教学中，教师通常在课后布置给学生一套共同的作业，学生必须在下节课提交给教师。教师会在课下的时间批改作业，并在下堂课上对学生作业中的问题及时进行总结。在传统课堂上，使用课后留作业的形式对学生的学习情况进行判断有一个很大的缺点就是：教师不能及时反馈作业情况，而且留在传统课堂上的作业只能解决共性问题，缺乏个性，难以适应每个学生，难以反映学生的差异，最终会大大降低学习效果。课后延迟反馈作业会影响学生学习知识点的连贯性，从而失去最佳学习时机。

智慧课堂是应对这个问题最好的解决方案。基于网络学习平台，教师可以根据对学生的了解和上课时的反馈，向学生发送各种针对学生具体学习情况的课后复习资料和作业。课后，学生完成作业，并使用该平台将作业发回给教师，教师收到学生的作业后可以检查他们的学习情况。教师还可以对主观题进行有针对性的点评，并以线上课程的形式发给学生，让学生更好地了解自己的情况，有针对性地进行改正和补充。这种形式使大学课堂上的学习体验更加个性化，并提高了教学的效果和效率。学生通过学习平台与教师进行线上的交流与合作，并尽快反映和总结结果。

第五节 "互联网+"背景下高校外语智慧课堂教学模式的教学评价

教学评价指的是以教学目标为依据，对教学过程中产生的有关数据和信息进行收集，以量化分析的结果对课堂的教学效果、学生的课堂学习态度和学习行为等方面进行价值判断的环节。作为整个课堂学习系统的反馈调节机制，教学评价在课堂学习过程中发挥着重要的作用，其目的有两方面：第一，对学习活动的效果进行检查；第二，对学生进行激励。作为教学模式中的最后一个环节，教学评价有重要的意义。一个好的教学评价设计可以更好地引导学生的课堂学习活动，使教师可以根据评价的数据和结果及时调整教学计划，同时对学生的学习状态进行调整，最终使课堂教学活动取得更好的效果。

处在新课改的时代背景下，要想真正地在教学评价中以学生的全面发展为本、将学生的主体地位体现出来，就必须对传统的教学评价进行改革。智慧教学评价模式的主要思想是以学生为评价的主体，用学生的"学"来对教师的"教"进行评价，即以学论教的思想。在这个智慧课堂教学模式下，学生的学习活动被分为课外和课内两方面，线上平台的学习为课外学习，线下课堂的学习为课内学习。

到目前为止，高校采取的课程评价主要是对学生进行形成性评价和总结性评价。其中，形成性评价主要是对学生的课后作业完成情况以及课堂的考勤情况进行收集和分析，有效性与合理性不强，所以学生对待日常学习的态度不够认真，仅在期末前的一段时间进行突击复习，达不到很好的学习效果。智慧课堂教学模式并不是采用单一的教学评价，而是在评价主体、评价方式和评价内容上采取多元化的方式，充分发挥其本身对学生的激励和导向的作用。评价主体不是单一的学生，而是包括学生自评、教师评价和同伴互评等方面。评价的方式是形成性评价和总结性评价结合。评价的内容也有很多，如对知识的掌握能力、学生自主学习的能力、合作的能力以及分析问题和解决问题的能力等（图8-5-1）。传统的评价方式太过单一，得到的评价结果也是片面的，没有办法对学生的学习进行综合的评价，因此智慧课堂的学习评价会从两个方面进行评价的设计，分别是线上评价和线下评价。

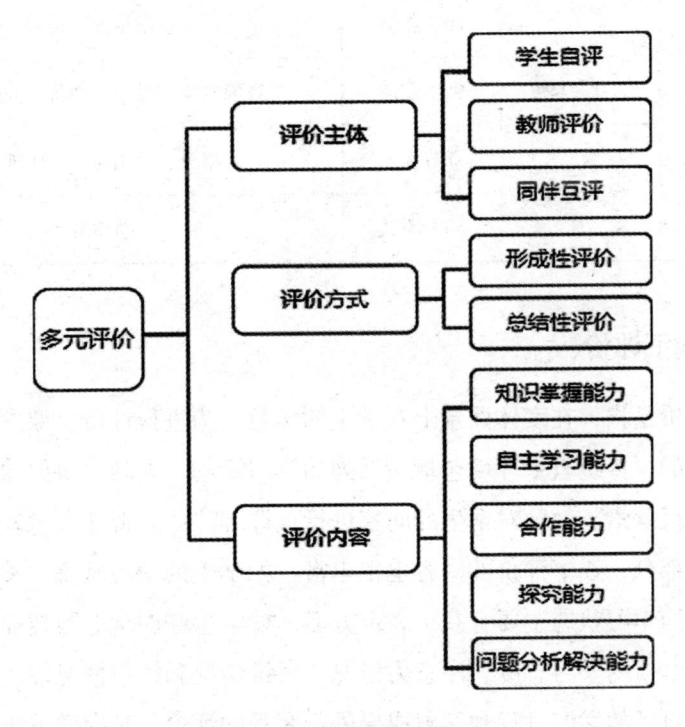

图 8-5-1　智慧课堂多元评价

一、线上评价

学生在使用智能设备进行线上学习的时候，会留下大量的数据，其中包括该学生的学习习惯、学习偏好和学习行为等，这些数据可以被看作每个学生的信息资产。通过这些信息资产可以得出学生的学习行为数据，从而被当作重要的依据来进行在线学习的评价。具体评价指标如表 8-5-1 所示。

表 8-5-1　线上评价指标体系

一级指标	二级指标	三级指标	评价内容
课前	学习态度	预习情况	预习多少、访问总时长、得分、具体题目选项、问题反馈
		学习心得	在线文字记载
课中	学习投入度	出勤情况	出勤次数
		课堂随测	答题情况、得分
	学习参与度	师生互动	资源共享、投票、弹幕、限时做题
课后	学习效果	章节作业	得分、总用时、答题细节
		期末测试	总得分

二、线下评价

线下评价是指，在实体课堂上对学生的学习行为进行评价。课堂教学是在教室当中进行的，传统教室环境包括一系列的学习活动，如教师讲解课堂知识、学生对问题进行探索、教师对学生的问答进行点评等。作为智慧课堂教学评价体系的重要组成部分，线下评价的内容也很丰富，如学生的学习状态、学生的自我评价等。学生的学习状态主要有几个表现方面，如学生在课堂上与教师的交流和互动的情况、学生的学习态度、注意力情况、思维情况和结果情况等。自我评价指的是学生对自己的学习过程和学习成果进行客观的评价，其中学习成果包括学生的作业完成情况、作品和测试的结果等。具体评价指标如表 8-5-2 所示。

表 8-5-2　线下评价指标体系

一级指标	二级指标	评价内容
交流状态	师生交流	是否积极回答问题 是否与教师主动交流互动
	生生交流	是否积极参与讨论及小组协作 能否提出有价值的个人见解
结果状态	学习结果	是否掌握所学的知识，并达到学习目标 学习能力和实践能力是否得到提高
情绪状态	学习过程情绪	是否具有成功的学习体验，对学习是否充满信心 是否具有好奇心和求知欲 是否能长时间保持学习兴趣 学习过程是否愉悦 学习兴趣是否得到增强
注意力状态	注意力保持	对学习内容是否能保持较长时间的注意力 学生的目光是否能一直跟随教师 听课时是否全神贯注 讨论问题时能否积极参与、踊跃发言
思维状态	课堂思维	回答问题时思路是否连贯、条理清晰 回答是否具有新意、创意 学生是否敢于质疑
学习成果	期末测试、课程作业或作品	期末测试的成绩和作品的质量
自我评价	评价量表	对自己的学习情况进行客观评价

第六节　"互联网+"背景下高校外语智慧课堂教学模式的教学案例

一、课程概述

《基础日语Ⅱ》课程是日语专业基础阶段的学科基础课程，以日语专业本科生一年级下的学生为授课对象，使用教材为《新经典日本语基础教程》第二册。本教材以学生为中心，以输出为驱动，融文化于语言学习中，该教材配套有网络化学习平台，可以进行立体化教学。

二、教学设计

（一）教学目标

下面以第二册第 1 课的第 2 次课为例进行阐述。

布鲁姆教育目标分类法将认知领域的教育目标分为：知识、领会、应用、分析、综合、评价。根据布鲁姆教育目标分类法，本课的教学目标确定为：

（1）学生能正确掌握状态变化和意志性动作引起变化两个句型的用法。

（2）学生能应用两个句型进行换说，完成句子和翻译练习。

（3）学生能围绕"梦想"这个话题运用两个句型进行自由会话。

（4）学生能评析他组会话中自己感兴趣的职业。

（5）学生能运用表达状态变化的句型归纳自己的职业观。

（6）学生能鉴别和评价正确的职业观。

（二）教学内容

课前，要求学生完成学习通任务，观看并收听视频、音频。课中教学过程主要采用三段式，即"引导输入—创造输出—实践应用"三段。引导输入环节，利用互联网，以自主学习法、启发式教学法充分激发学生兴趣、提高学习能力；创造输出环节，主要通过练习法、情景式教学法，深化引导学生学习，实现日语语言输出；实践应用环节，主要通过任务驱动法，通过展示、评价完成预设任务，达到知识巩固内化。课后，通过学习通下达作业任务并进行相应评价。在此重点阐述课中教学过程，具体教学环节如下：

1. 引导输入（导入）

首先，利用学习通进行问卷调查，让学生谈论暑假生活和寒假的打算；其次，播放日本大学生假期生活相关视频，启发学生自觉比较中日大学生假期生活的不同；最后，教师进行总结，提出"近期目标"和"长远目标"两个话题，导入本课学习内容。

2. 创造输出（语法知识的学习和巩固）

首先，教师利用 PPT 总结状态变化和意志性动作，引起变化两个句型的用法；其次，教师举出大量例句，让学生进行跟读、朗读和复述；再次，教师让学生看图进行会话练习和完成句子练习；最后，教师让学生进行翻译练习。

3. 实践应用（功能交际项目的应用练习）

首先，教师利用学习通把20名学生随机分成5组，提示学生围绕"梦想"这个主题，使用状态变化和意志性动作引起变化，两个句型进行自由会话；其次，教师通过PPT说明教师评价标准和学生评价标准；再次，每组学生选代表进行会话展示，并由他组学生根据评价标准在学习通里打分，阐述评价理由；最后，教师根据评价标准点评每组会话内容。

4. 总结和布置作业

首先，教师根据每组会话内容和学生点评情况，总结学生的价值观；其次，引导学生树立正确的职业观，培养学生的服务社会、服务国家的责任担当意识；最后，让学生通过阅读学术论文，归纳总结中日大学生职业观的差异。

（三）考核方式

本课程的评价方式采用过程性评价与终结性评价相结合的方式。过程性评价采用教师评价、小组互评、网络评价等相结合的形式；终结性评价为口语测试和期末考试。成绩评定方式为平时成绩40%，包括课前预习、课堂讨论、自由会话、角色扮演、随堂测试、报告；口语测试10%；期末考试50%。

三、教学创新成效

（一）构建基础日语课程的生态课堂，解决课堂生态失衡问题

针对基础日语课堂生态失衡的问题，本课程基于生态语言学视角，从课堂生态环境和生态主体两个方面构建了基础日语的生态课堂：首先，优化了课堂生态环境。为了摆脱单独就座的弊端，课堂上借助学习通平台，把20名学生随机分成5组，以此确保交际任务的顺利展开。其次，优化了课堂生态主体。一是学习主体生态，关注学生要既有语言能力又有文化能力，通过问卷调查让学生谈论暑假生活，并通过观看日本大学生暑假生活视频，启发学生进行中日比较，导入教学内容。二是教师主体生态。教师结合自身的专业知识、文化素养及对教学资源的支配能力，课堂上综合运用技能训练法、任务型和功能交际等教学方法，进行"术业"和"树人"。三是保持课堂教学主体和学习主体的和谐关系。在语法讲解

和学生自由会话环节，学生是小组互评的评价主体，教师扮演点拨和点评的引路人，突出生生互动。

（二）参与式、互动式智慧课堂，唤醒了学生的主体意识

在改革后的课堂，信息技术是帮助教师采用更积极教学方式的一种催化剂，实现了教学主体的角色转换，以学生为主体，教师为主导，学生参与课堂的积极性大大提高。充分利用互联网开展智慧课堂，学生课前参与问卷调查、课中自我完成句子、合作完成并展示情景会话，通过学习通参与生生互评、师生互评、完成测验等，深度参与课堂，并于课前、课后通过慕课、网站自主学习，完成任务，将课堂从课内延伸至课外。

（三）多元化评价方式，充分激发了学生的学习意识和各方面能力

传统课堂中，主要以终结性评价来评判一个学生，评价方式单一，难免有失公正。而通过改革，将形成性评价和终结性评价相结合，增加了形成性评价的项目和比例，原期末考试从70%降至60%，增加了口语测试，形成性评价由原来的课堂回答问题变为课前预习、课堂讨论、自由会话、小组互评、随堂测试等多种形式，从多角度对学生进行评价。另外，评价主体多元化，由教师评价主体变为以教师、学生为主的评价，学生参与到评价中来，充分激发了学生的学习意识和思辨意识。

通过网络随堂测验，可以实时了解学生对知识点的掌握情况，错误率较高的知识点将成为重点讲解对象。下达任务后，学生认真完成会话任务，经展示、师生评价后，进行修改，二次完成会话任务，使得知识得以巩固，运用能力得以提升。教师制定评价标准，学生通过学习通进行生生互评，通过互评一方面学生日语运用能力加强，另一方面思辨能力得以提升。

充分利用智慧课堂，通过多元化评价方式大大提高了学生日语学习能力、运用能力，训练了批判性思维，提升了分析问题、深度合作、多方沟通等能力。

（四）导入课程思政，提升育人效果

传统日语教学的培养目标，更注重培养学生的知识获取，而改革后的课堂，注重学生知识、能力、素养的全面发展。学生运用新学的句型分组自编会话的内

容，通过这样的会话可以引导学生树立正确的职业观、人生观、价值观，思政元素自然融入。学生知识内化巩固，能力全面提升的同时素质在潜移默化中也得到提升。

因此，学生通过深度参与课堂，知识得以内化，能力得到全面提升，"外语+信息技术+思政"的课堂，有利于培养德才兼备、全面发展的日语人才。

四、教学反思与总结

"互联网+"背景下《基础日语Ⅱ》课程智慧课堂教学模式，可以充分利用网络平台。网络平台资源丰富，学生课前、课后可以不受时空限制，随时随地自主学习，激发了学生的学习兴趣。课堂调查问卷、测验、小组讨论、教学评价等也都是借助"互联网"平台的便利得以开展，大大提升了教学效果。但同时也存在以下问题：一是信息化时代，网络信息参差不齐，教师需要过滤、筛选高质量的有效信息，引导学生正确使用；二是教师需要与时俱进，学习现代信息技术，利用新技术、新方法，组织高效课堂，提升教学质量；三是需要加强对学生网络学习过程和效果的监督与管理。

第九章 "互联网+"背景下的混合式教学模式

本章从混合式教学模式概述、"互联网+"背景下高校外语混合式教学的教学设计、教学平台的设计、效果评价几个方面阐述。

第一节　混合式教学模式概述

一、混合式教学模式产生背景

从20世纪90年代开始，多媒体技术和网络通信技术迅速发展，在教育领域开始应用和发展数字化学习（e-learning）。数字化学习指的是打破时空限制、通过互联网进行学习的方式。它以自定步调为教学模式，极大地冲击了以"课堂、教材、教师"为中心的传统教学模式。但是，数字化学习在实践过程中也存在着一定的问题，学习效果并不尽如人意，如这种纯技术环境容易让学习者出现孤独感、高度依赖学习设备和环境等。自此，人们开始对数字化学习的教育方式进行反思。在21世纪前后，一些企业在进行培训的时候，为了满足培训对象在时间和空间上的多种需求，首次使用了"混合式教学"，把网上的培训和传统的线下培训结合起来进行培训教学，我们也可以将此认为是一种传统面对面教学与在线学习结合在一起的教学模式。之后这种教学模式开始被逐渐运用在高校的教育上。混合学习（Blended Learning或blending learning，其简称为B-learning）的教育方式也逐渐开始流行起来。2003年12月，何克抗教授在第七届全球华人计算机教育应用大会上，首次正式倡导在我国开展"混合式教学"，拉开了国内研究"混合式教学"的序幕。

二、混合式教学模式的定义

严格来讲，blended learning不是一个全新的概念，"blend"这个单词的意思是"混合"，所以blended learning的意思就是混合模式的教学学习，这种说法在很久之前就已存在，只是对混合的内容界定有所不同。

有学者对混合式教学的几种定义进行了归纳，具体如下：

一是教学方法（如建构主义、行为主义、认知主义等）的混合；

二是任何一种教育技术，如视听媒体（幻灯投影、录音录像）与面对面课堂教学的混合；

三是教学与实际工作任务的混合；

四是各种网络技术的混合（如虚拟课堂、自定步调学习、合作学习、流媒体视频等）。近年来，随着信息技术的快速普及，教育界利用该术语"混合"的内涵，赋予其全新的意义，即与信息技术密切相关。

2004年，斯隆商学院成立了资金会，用于资助一个采用了混合式教学的工作坊，而这个工作坊存在的主要目的就是对混合式教学的操作进行定义。其对混合式教学最宽泛的定义是：面授课堂与技术的混合。

对混合式教学下的宽泛定义使得混合式教学的概念变得很广泛，包括的内容也很多，只要在教学过程中使用了信息技术就可以被视为混合式教学。这种太宽泛的定义，就不便于学者理清楚混合式教学的本质，并且对研究者来说不具备操作性。

目前为止，学界普遍认为混合式教学的内容包含两个方面：面对面学习和在线学习，这两者结合在一起共同组成混合式教学。而对混合式教学的界定也分为几种类型，具体如下：

1. 只强调核心成分

有的学者对混合式教学进行定义的时候，只强调了其中最核心的部分，即面对面学习和在线学习这两方面；还有一部分研究者认为混合式教学就是面对面课堂教学和在线学习这两种方式的结合；还有的学者从课程设计的角度出发，认为如果把完全面对面教学和完全在线学习看成一个连续体，位于两者之间的任何一种模式都是混合式教学模式。然而，如果把混合式教学仅认定为面对面课堂教学和在线学习结合的观点是不全面的，可能会导致很多教师在日常的传统教学课堂中增加一些在线学习的活动，就可以自认为实施的是混合式教学模式。

2. 关注课堂面授是否被部分在线学习取代

有的学者认为，混合式教学不仅是在传统的教学课堂当中使用一些信息技术的手段，所以他们在混合式教学的定义中又加入了面授时间减少这一项，比如上文中提到的工作坊。第二届工作坊在2005年举办，与会者摒弃了宽泛的混合式教学的定义，对其进行了如下的界定：部分面授时间由在线活动代替的教学模式。还有一些学者认为混合式教学是学生的学习时间一部分用在课堂学习，一部分进行线上学习，而其中在线学习的部分（如学习的时间、地点、进度等）是可以由学生自己控制的。

3. 关注线上和课堂占比多少

有些学者还会根据学生的在线学习和课堂教学的比重来界定混合式教学，并以此将混合式教学大概划分为网络辅助型教学、混合型教学、完全在线型教学等类型，具体是如何对混合式教学进行界定的，将在后面详细论述。

4. 强调混合的质量

还有一种混合式教学的界定方法是在混合式教学的定义中加入"质量"。他们对混合式教学的定义为，在合适的时间，为合适的对象，通过采用合适的教育技术和方式，提供合适的学习内容，来帮助学生取得较好的学习效果。也有学者认为混合式教学是课堂教学和在线学习之间紧密的结合。除此以外，还有研究者将混合式教学定义为教师、学生、学习资源之间的面对面互动与技术支持互动的"系统性"结合。这些定义可以表明，混合式教学并非将面授和在线这两种媒介进行简单的叠加或者混合，而是需要对它们进行精心的设计。

国内的一些研究人员对混合式教学进行定义的时候，更关注它的作用和意义。混合式教学的核心思想是把面对面教学和在线学习这两种模式进行整合，借此降低教学的成本，并且提高教学的效果。除此之外，混合式教学就是要将传统教学和数字化学习的优势结合起来，将教师在学习中的主导作用发挥出来，同时也把学生放在学习的主体地位上。传统教学一直都存在"重教轻学"的问题，对教师的主导地位过于强调和突出，因此对教师有着过分的依赖，同时还有学生的学习资源不充分等问题。然而传统教学模式也具备一些在线学习没有的优势，例如教师与学生可以面对面地交流与互动等。在线学习可以帮助学生发挥自己的主观能动性，提高学习的积极性和创造性，但是同时也会造成对教师主导作用的忽略，使学生容易对学习产生随意性，以及在学习过程中出现无助感等。所以何克抗教授在界定混合式教学时，强调要将这两种学习方式进行优势互补。

因此，我们可以明确混合式教学的形式是将面对面教学和在线学习进行结合。同时，以上两个定义也都强调了混合式教学的本质，也就是要采取这两种模式的优势取长补短，以此来获得比单一教学模式或者单一在线学习模式更佳的学习效果。

三、混合式教学的特点

（一）线上网络教学与线下课堂教学的结合

在线上教学的过程中，学生通过智能设备可以自主地对部分教学内容以及教师发放的学习资料、作业和习题等进行在线的学习，这使得学生的学习更加便利。因此，学生的学习兴趣和热情可以得到激发，其探索和解决问题的能力也会得到提高。在线下的课堂教学过程中，教师对教学内容进行进一步的讲解，带领学生进行练习，完成线下课程的教学任务，使学生在自主学习的过程中也能受到教师的引导和启发。教师的教学任务不单是指传授给学生知识，更是教师通过身体力行的方式对学生进行深入的影响，这就离不开教师与学生面对面的交流和互动了。同时，这种互动和交流也可以拉近师生之间的距离，使师生之间的关系更加亲密。课堂教学和在线学习的呈现方式虽然不一样，但是他们的目标都是帮助学生更好地完成教学任务，实现教学的高效化。因此，教师要意识到，在线学习并不是线下课堂的辅助或者替代品，它们是互帮互助的关系，结合在一起可以发挥重要作用，使教学的效果达到更好。

（二）教师主导与学生主体的结合

混合式教学把教学过程分为肩负着不同教学任务的不同阶段。在课前预习阶段，学生要对课堂的内容进行独立的思考或者和同伴进行讨论，了解和掌握基础的课堂知识。在课堂展示阶段，学生对自己的学习成果进行分享，与教师或者同伴进行沟通和交流，对课堂的知识进行巩固，且解决遗留的问题，让自己占据课堂的主体地位，增强自己对学习活动的自信心和成就感，从而取得更好的学习效果。教师不再把自己当作课堂的中心，而是对学生进行适当的指导，引导学生积极参与课堂活动。因此在课堂中，教师应该起到主导的作用，学生应该占据主体的地位，这样一来学生就能拥有更多展示自我的空间，这对学生的学习、生活和成长都有重大的意义。

（三）学习方式的混合

1. 系统学习与碎片化学习的混合

传统课堂教学是在固定的时间和地点进行的教学活动，其参与者也是固定的，教学计划也是预先确定有目的的。这样的教学方式里，教师按照预定好的教学计划和教学任务，向学生讲解固定的教学内容，让学生对知识进行系统的学习。在一定程度上，这种教育方式能帮助学生提高自身对知识的掌握程度和一些其他能力。而在线教学的优势则在于，它能让学生借助移动终端平台来充分利用自己的碎片时间进行学习，根据自己的实际情况来安排合适的学习计划，从而提高对自己时间的利用率，较好地完成教学任务。也就是说，混合式教学能把线下的系统学习与线上的碎片化学习进行有机地结合，使学生既能在课上跟着教师对知识进行系统的学习，又可以在课后合理地利用碎片化的时间完成学习计划。这样一来，学生的学习时间就可以变得更有弹性，学习方式也变得更为灵活，可以有效帮助学生对知识进行巩固，更好、更快、更有效地完成教学任务。

2. 自主学习与合作学习的混合

自主学习是指学生在学习活动过程中的自主意识和创造力；合作学习是指学生在小组学习的过程中，小组成员根据教师留下的学习任务能对实际的情况进行合理的分工，互帮互助，共同完成目标。在传统面对面教学过程中，教师会占用课堂的大部分时间来对教学计划中要学习的知识点进行全方位的讲授，由于过程中学生和学生之间不存在沟通和交流，就会造成学生之间的合作意识淡薄。但是现在的混合式教学模式中，学生自主学习的意识会得到培养，师生之间的交流和互动在增多，学生之间的探讨和合作也在增多。教师会在课堂上对学生进行小组的划分，使学生对某个问题展开详细的探讨和交流，其合作意识得以增强。因此混合式教学要把自主学习和合作学习结合在一起，互相作用，共同提高学生的学习效率和学习效果，使学生得到更好的发展。

（四）评价方式的混合

混合式教学的评价方式是结合诊断性评价、过程性评价和总结性评价这三者来进行的，综合考查学生的学习过程和学习成果，使评价的结果更加科学和有效。其中，诊断性评价指的是教师在课堂教学实施前，分析学生的学习风格、初始水平和一般特征等方面，再根据得出的结果对课程和教学计划进行相应的设计和调整。这样的评价方式会有利于教师把握学生的学习水平，并且做到因材施教。过程性评价指的是教师在课堂教学实施中，借助平台的积分系统，评判学生在学习过程中的参与情况以及学习成绩。这样的评判方式能将学生的学习兴趣激发起来，使学生在学习过程中保持热情，从而取得更好的学习效果。总结性评价指的是在学习进行一段时间后，利用考试等方式对学生近期的学习情况进行评价，检验其学习的成果。以上三种评价方式被混合式教学结合起来，共同科学有效地发挥作用。

四、混合式教学模式的分类及实践形式

根据不同的标准，混合式教学可以被分为不同的类型和不同的实践形式。下面将介绍混合式教学的类型和典型的实践形式。

（一）混合式教学模式的分类

根据混合式教学面对面授课时间被在线学习的替代程度，混合式教学可以分为以下三种：

第一，把教学过程中不使用网络技术而是借助口头或者笔头来传递知识的授课模式称为传统型；把利用网络技术辅助课堂教学（如使用 Blackboard 或 Web CT 来展示课程大纲或布置作业），在线学习时间占比 1%～29% 的模式称为网络辅助型；把大量面授部分通过网络进行，在线学习的时间占比 30%～79% 的模式称为混合型；把没有面授部分、在线学习时常占比超过 80% 的模式称为在线型。

第二，把少量使用网络技术的混合式教学归为网络辅助型，如通过网络发布通告等；使用网络活动来代替部分的课堂活动，但占比不超过 45% 的称为混合型；把网络活动代替了 45%～80% 的课堂活动称为融合型；把网络活动代替了超过 80% 的课堂活动的线上教学的模式称为完全线上型。

第三，使用时间比例定义 ELT 中的混合式教学类型，100% 网络教学的属于完全线上学习模式；75% 的内容通过线上传授，25% 面对面传授，叫作混合学习模式；只附加一些网络资源，作为课堂面授的延伸和支持，叫作传统面授模式。线上学习部分占 30% 以上即可称为混合式教学。这种界定方法的问题在于线上线下的占比不容易清晰地量化。

另外，还有一些学者根据面对面教学和在线学习这两种模式的功能对混合式教学进行了划分，并把它分成了四种实施模式，具体如下：网上资源作为自主学习的一种支持；网上学习资源与课堂教学相联系；拥有网络平台，提供学习资料以及便于互动；面授部分与网上学习活动相辅相成，很好地融合。

还有一种对混合式教学进行划分的依据是教学设计方法，具体可以划分为以下三类：低强度型混合（指仅在现有的面授课程中加入一些在线的活动）；中强度型混合（指在线活动代替了一部分现有的面授课堂活动）；高强度型混合（指完全重新设计整个课程，使在线和面授更好地融合）。

有些学者还会根据教学实施的成熟度对混合式教学进行分类，将混合式教学在学校层面的运用分为三个阶段：意识——探索阶段。这个阶段的特征是，学校没有设计机构层面的教学策略，但已经具备了推行混合式教学的教学意识，并给予一些探索应用的教师有限的支持。采纳——早期应用阶段。这个阶段学校开始以制度的形式，对混合式教学进行推行，并且采用新的教学政策以及措施来实现混合式教学。成熟应用——提升阶段。这个阶段的学校已经具备完善的混合式教学的推广策略和治理结构，并且得到了技术环境、国家政策等方面的支持。

（二）混合式教学模式的实践形式

混合式教学的基本教学形式是将面对面授课和在线学习结合起来。因为面对面授课和在线学习的结合方式很多，所以在实践中产生了很多的应用模式，比如说翻转课堂和小规模的私人在线课程（小型准入制在线课程，Small Private Online Course，简称 SPOC）。

翻转课堂，简单来说就是把之前在课堂上讲授知识的教学活动转移到课下让学生自主完成，而将原来学生在课下对知识进行的巩固和内化等学习过程放到课堂上来进行。这种教学方法并不是现在才有的，它早就出现了，其来源难以查明，但是"翻转"的名字是后来才定义的。在 2000 年第 11 届大学教学国际会议上，美国教授提出了翻转课堂的概念和翻转课堂的模型，也就是学生在课下观看教学视频，在课堂上教师主要负责主持讨论、合作和解决问题的活动。在 2006 年，萨尔曼·汗在网上发布了自己的数学教学微视频，获得了很多人的关注，产生了很大的影响。后来他创立了可汗学院，他教学微视频的流传使翻转课堂迅速得到推广，通过教学微视频来学习成了当时广泛使用的学习方式。

小规模的私人在线课程（小型准入制在线课程）是反思慕课存在的问题后应运而生的一种教学模式，small 是相对于 massive 而言，规模较慕课小得多，一般不超过 500 人。private 是相对于 open 而言，指设置限制条件，合格者才能准入。SPOC 是一种混合式教学模式，它把在线学习和课堂教学融合在一起，其基本的教学流程是，通过利用慕课的在线资源或者教师提供的教学视频，学习者来完成课前的学习，然后教师通过对学生的在线学习过程进行跟踪来发现和收集学生存在的问题，在面对面授课的过程中将这些问题进行统一的解决，并且组织一些课堂活动来促进学生对知识的巩固和内化。在这个教学流程中，学习者的评价反馈始终贯彻其中。2015年4月，教育部发布了《教育部关于加强高等学校在线开放课程建设应用与管理的意见》，指出"高校可根据本校需要选用适合的学习平台以及小规模专有在线课程平台，开展在线开放课程的建设和应用推广，以便为高校师生和社会学习者提供个性化和全方位服务"。目前国内和国外的很多高校都已经开始使用SPOC了。

五、混合式教学模式的理论基础

（一）建构主义学习理论

学习理论是教育学和教育心理学的一个分支学科，对实践教育的进行有着重要的指导作用。学习理论的具体内容是对人类和动物的类型、过程和学习条件进行描绘和说明。从20世纪50年代开始，学习理论经历了不同的发展阶段，有行为主义阶段、认知主义阶段和建构主义阶段等。其中，行为主义把人的心智活动当作动物进行条件反射，因此行为主义学习理论把学习看作刺激与反应之间联结的建立，强调由外部强化的练习所引起的行为变化便是学习。认知主义把人的心智活动当作计算机进行信息处理，认知主义学习理论认为学习是知识的获得。这两个阶段的思想都忽视了人类的思想、感情、价值、反思、计划、意志和目标的丰富性。把人的心智当成非人的东西来看待，只有到了构建主义的阶段，人的心智才真的被当作区别于动物的、人的东西来看待。

不同时期的主要矛盾都不相同，所以要针对不同的目标来直接选择相关的理论。目前来说，学生学习的积极性和主动性不高、学生的个性化需求无法被满足等是大学生外语课程存在的突出问题，所以能够解决这些突出问题的建构主义理论指导是非常有必要的。

此外，建构主义所倡导的理念依靠着信息技术的发展提供技术支持，使建构主义理论能够实现，与此同时建构主义也为信息化教学提供了理论支撑和指导思想。因此，建构主义既是信息化教学的一种方式，也是混合式教学的重要理论基础。

20世纪60年代，瑞士的一位心理学家最早提出了建构主义。在他看来，人的认知结构是从儿童时期与周围环境的相互作用中构建起对外部世界的感知，并逐步得到发展，这种强调个体认知过程的观点被视作个体建构主义的主要观点。后来，皮亚杰于1978年提出了社会建构主义理论，强调"活动"与"合作"在认知过程中的作用，被称作社会建构主义观。

无论是个体建构主义，还是社会建构主义，它们都在强调一点：学习者要主动地对知识进行构建。所以建构主义提倡学习要以学习者为中心，突出互动的作用，强调创设有利学生建构意义的学习环境。

混合式教学的理念与构建主义理念相同。传统的课堂教学基本上都是把教师当作中心，由教师来进行知识的讲授与问题的解答，所以在课堂学习过程中，学生会因为时间有限而缺乏进行充分思考和交流互动的机会；在完全的在线学习的过程中，学生也会因为上课时间不统一、空间的距离感产生孤独感。但是在混合式教学当中，由于各种网络信息技术和工具的使用（如利用QQ和微信等即时通信工具进行在线互动、在在线学习平台上开辟互动板块、利用电子邮件交流等），师生之间、学生之间的互动和交流较传统课堂而言大大加强了，答疑解惑、合作学习、交流讨论等学习活动变得简单又便捷。同时，由于知识传授可以由课下的在线学习承担一部分，所以面授课堂上就能留出更多的时间给学生进行各种互动活动，而那些没有时间在课堂上进行深入交流的内容也可以延续到课下，通过在线交流的方式继续进行。同步互动与异步互动的结合，大大增加了互动的机会。此外，学生还可以根据自己的实际需求，利用在线平台丰富的教学资源来开展个性化学习，这些都是混合式教学的特点。

（二）掌握学习理论

在20世纪六七十年代，美国教育学家提出了"掌握学习（mastery learning）"的概念。掌握学习的内容主要包括两个方面：第一，掌握学习理论对教与学持乐观主义态度。在传统教学中，因为智力差异理论影响和选拔功能的教育评价体系的存在，所以中学生的学习结果呈正态分布是正常的，这个观点得到了当时人们的普遍接受。但是掌握学习理论却认为，只要给学生提供适当的学习环境和学习条件，及时地为学生的学习困难提供帮助，那么所有的学生都能掌握知识。第二，掌握学习强调有效的个别化教学实践。掌握学习非常重视形成性评价，要求要对学生的学习及时、频繁地做出反馈，并且要给个别的学生提供矫正性帮助，以此来确保所有的学生都得到了需要的帮助。

混合式教学就是以面对全体学生为教学观念，以群体教学和个别教学结合为教学方式，以群体面对面教学为教学基础，让教师按照学生不同的需求提供不同的学习资源，让学生进行自主的、个性化的学习；采取形成性评估方式，根据学生在线学习行为数据来对学生的学习情况进行诊断，对其中出现的问题及时反馈和进行指导。在学习过程中，学生有个性化学习的条件，并且能得到教师的个别关注，这样一来学生的学习效果就会有明显的提升，学习的自我效能感和学习的积极性也会随之得到提高。与此同时，教师的教学自信也会得到大幅度的提升。师生之间频繁的互动和交流也有助于拉近师生距离，使师生之间建立互相信任的、民主的、和谐的关系。

（三）高阶思维培养理念

1956年，教育目标分类法（Bloom Taxonomy）由美国教育学家布鲁姆提出。教育分类法包括三个领域，分别是：认知领域、情感领域和运动技能领域。其中，认知领域的教育目标又包括六个层次，分别为：知道、领会、应用、分析、综合和评价。知道、领会这两个层次通常被认为是低阶思维，涉及的心智活动和智力水平比较低；而应用、分析、综合和评价这四个层次通常被认为是高阶思维，涉及的心智活动和智力水平比较高。

在学习的流程中，我们起初往往是记忆事实，然后才是对这些事实进行领会和运用。低一级的目标是高一级目标的依托，完成了低一级的目标才能追求高一级的目标。所以低阶思维的重要性也不可以被忽视。由于目前的网络科技和社会生产力的发展，尤其是信息技术的进步，越来越多的关于低阶思维的活动可以借助信息技术手段来完成，因此，创新就显得尤为重要，对高阶能力的培养也就更加重要了。

在传统课堂教学中的主要内容是教师向学生传授知识，涉及的主要思维活动属于低阶思维。但是混合式教学中，学生学习知识的路径不再仅限于教师面授这一种，部分或者全部知识的传授活动被转移到面授课堂外，学生有了更多的自主性活动，所以面授课堂就能有更多的时间来训练学生的高阶思维能力。有一些学者认为混合式教学环境可以培养出学生多方面技能的发展，如批判性思维、互助合作、沟通交流和解决问题的能力，这些技能可以促进个人的发展与社会的进步。

（四）混合的理念

数字化学习是信息技术运用于教学领域的产物，相较传统的教学模式，它具有更多的优势，如便于共享资源、自主探索等。但是单一的在线学习也存在着一定的问题，如缺乏互动交流，容易产生孤独感等，这一点可以在受到全球热捧的慕课在2014年开始降温这件事上得以证明。因此，结合在线学习和面对面教学的混合式教学应运而生，混合式教学体现的就是趋利避害，优势互补的思想。

在形式上，混合式教学的教学方式是在线与面对面的结合，与单一的面对面教学或者单一的在线学习相比，混合式教学不仅在学习形式上有区别，在学习理念上也有不同。混合式教学体现了学习理念的螺旋式上升发展。它并非对在线学习环境的运用进行片面地强调，而忽略面对面教学的优势；也并非对以学生为主体的理念进行片面地强调，而忽略教师在学习活动中发挥的主导作用；它也没有对某种学习理论（如建构主义理论）进行片面地强调，而忽略其他各种学习理论的重要性。

一些学者把混合式教学的本质解释为媒体的延伸和媒体选择定律。"媒体是人体的延伸"的观点启发我们，各种媒体有不同的功能和优势所在，所以可以让它们相互补充。这个观点反映到教育领域，就是指教师可以借助传播信息媒介的多样性和互补性，来为学生选择最合适的传播媒介。而媒体选择定律解释了影响人类选择媒体的行为：人们会选择一些付出成本小、收益大的媒体。这些观点都表明了混合式教学的宗旨是学习效果。

在本书中作者称为混合的理念，即不把教学媒体、教学方法等限定在某个框架内，一切的选择都基于效果驱动。

六、混合式教学模式的基本原则

高校外语教学和其他的学科是不同的，它的目标是培养出顺应时代的复合型人才，让他们具有良好的跨文化沟通能力。混合式教学是基于网络课程开展的，它在高校外语教学中需要遵循三个原则，分别是：双主体性原则、针对性原则和可持续发展性原则。

（一）双主体性原则

混合式教学基于网络课程的形式，着眼于共建师生的双主体作用，将学生对任务活动的主观能动性作用和教师对教学活动的主导作用进行科学的融合，使两者互相促进和共同发展。在整个教学环节中，教师的主体地位都贯穿其中，包括科学正确地组织和引导各种线上网络课程、线下面授课程的设计和实践等各种教学活动。混合式教学模式中，学生也不再被动地接受知识，其主体地位得到了充分的重视和尊重，这也在一定程度上提升了学生的学习兴趣、自主学习的积极性和创造性。

（二）针对性原则

高校外语混合式教学的模式基于网络课程，必须遵循针对性原则来进行，具体分为三个层面：第一，要针对高校外语学生的具体学习情况设置课程。大学生有活跃敏捷的思维，可以较好地接受新鲜事物，但是他们没有足够坚定的意志力，很容易被外界的环境影响。因此，根据具体的课程特点，教师应该对学生进行正确的引导。第二，高校外语混合式教学模式要有时代针对性。高校外语的教学要顺应时代的发展，根据新时期的时代特征和学校的具体条件不断地对教学资源进行充实。课程设计也要顺应时代发展，选择符合现实社会发展的主题来进行教学，以此引发学生的学习兴趣和情感共鸣。第三，高校外语混合式教学模式要针对不同层次的学生展开个性化层级式教学。基于网络课程的混合式教学将传统课堂的直观性与网络课程知识的发散性结合在一起，使不同学习层次的学生都可以充分发挥其主观能动性，取得良好的学习效果。

（三）可持续发展性原则

高校外语混合式教学模式基于网络课程，必须遵循可持续发展的原则来构建，也就是说，在实际的教学过程中，混合式教学模式应该对学习主体综合素质能力的可持续性发展进行指导和促进。党的十九大以来，国家和社会对21世纪的人才培养提出了更高的要求，人才不仅要有扎实的专业知识和技能，还应该具备更为开阔的国际视野、现代信息技术素养、较强的主观能动性和大胆的创新精神。教师在进行混合式教学的过程中，要明确学生可持续的、全面的发展教学是教学终极培养的目标，要注重在教学活动中培养学生主动探索和积极思考的能力，使学生能扩大视野，进行自我获取；还要注重培养学生运用现代科技手段获取、评估和利用信息的能力，从而使学生建立起科学合理的学习习惯和学习方法，使学生具备创新意识和实践能力，让高等教育实现从"知识习得"层面到"素质教育"层面的转变。

七、混合式教学模式的流程

对于课堂教学，有学者已经总结出了相对成熟的框架。一些学者根据目标管理的教学流程将教学划分为教学准备、教学实施和教学评价三个阶段。其中，教学准备指的是在进行教学活动之前教师制定相关的教学方案。教学实施可以分为三个方面，具体为主要教学行为、辅助教学行为与课堂管理行为（表9-1-1）。教学评价指的是在进行完课堂教学活动后评价学生课业成绩和教师的课堂教学情况。有的学者将教学行为划分成陈述、展示、讨论、提问、指导、反馈、管理、观察、倾听、评价和反思十一种类别。以上两种是国内关于教学行为研究最常使用的分析框架。

表 9-1-1　教学实施行为维度 [1]

教学实施行为维度（主要侧重课堂教学的）			
教学行为			
主要教学行为			辅助教学行为	课堂管理行为
呈现行为	对话行为	指导行为		
语言呈现	问答	自主学习指导	学习动机激发与培养	课堂问题行为
文字呈现	讨论	合作学习指导	课堂强化技术的应用	课堂问题行为的管理

---

[1] 贾振霞. 大学英语混合式教学中的有效教学行为研究 [D]. 上海：上海外国语大学，2019.

（续表）

教学实施行为维度（主要侧重课堂教学的）				
教学行为				课堂管理行为
主要教学行为			辅助教学行为	
呈现行为	对话行为	指导行为		
声像呈现		探究学习指导	教师期望效应的实现	课堂问题行为的预防
动作呈现			良好课堂气氛的营造	

但是，在混合式教学环境下，教师的教学活动并不仅仅在课堂中进行。已经有学者对混合式教学模式下的教学过程框架进行了研究和探索。还有学者把混合式教学的过程进行了划分，将它分为课程导入、活动组织、学习支持和教学评价这四个环节。其中，教学导入指的是教师对学生的交流课程进行安排，并对学生的学习策略进行指导。活动组织具体可以划分为三种活动形式，分别是班级集体学习、小组协作学习和个体学习。学习支持指的是学生在学习过程中遇到困难时，从老师或者同学那里获得帮助和支持来解决问题。教学评价指的是对教学结果进行检查和评定。因为混合式教学有着各种各样的特点，所以教学评价的方式也更加丰富。教师要根据不同的学习形式和学习过程采用不同的评价方式来对产生的学习成果进行评价。

如图9-1-1所示，一些学者对混合式教学的教学流程进行了构建。在这个框架中，混合式教学的流程划分和传统教学的流程划分差不多，分为教学准备、教学实施、教学评价这三个环节。混合式教学环境下，教师的教学准备（教学设计）需要同时考虑课堂面授的部分和在线学习的部分。混合式教学环境下的教学实施可以分为面对面的课堂教学和在线学习两部分。在课堂教学的部分，激发学生的学习动力是教师的主要教学任务。教师需要对课程内容进行精细的讲解，将课程中的重点和难点突出，加强与学生之间的互动，拉近师生的距离，促进学生进行意义的建构；同时还要注意对课堂教学活动并及时地进行反思和总结。在线学习的部分中，提供资源是教师的主要教学任务，教师还要组织学生进行在线的互动交流和学习反思。教学评价包括面对面课堂的评价和在线学习的评价两方面。此框架沿用了教学准备、实施、评价的教学流程，将混合式教学的特点充分展示出来，不过需要注意的是，该框架并没有明显地体现出混合式教学强调的个性化教学的特点。

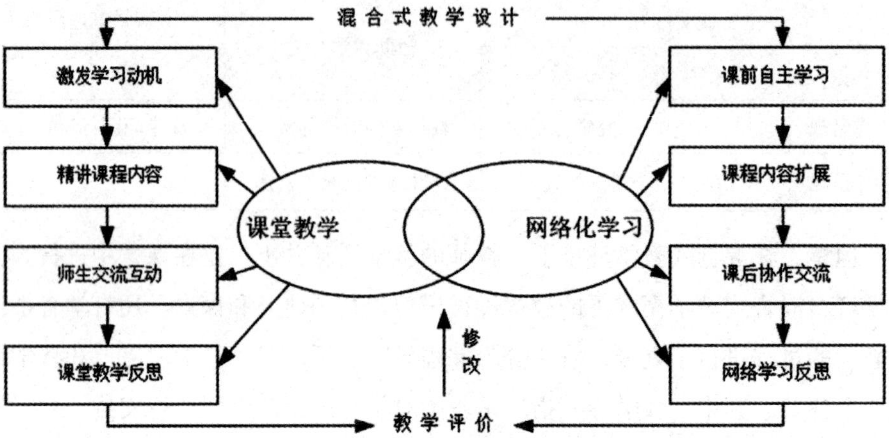

图 9-1-1 混合式教学流程[①]

黄映玲、苏仰娜在《现代教育技术》课程中实施混合式教学模式，将实施过程分为以下四个维度：①搭建混合学习环境；②建设混合学习资源；③设计和组织混合学习活动；④实施混合式教学[②]评价。杨芳、魏兴、张文霞基于清华大学大学英语教学的教学实践，探索了大学英语混合式教学的结构。课堂教学与在线教学相结合，在线教学包括讨论区写作学习、完成单元习题，观看课程视频、查阅维基百科或其他扩展资料、接收微信推送，通过在线教学完成英语语言文化知识输入。课堂教学包括面对面话题讨论、学习体验交流、角色演绎活动，通过课堂教学进行英语实景演练，此混合式教学结构基于学生的视角进行构建，凸显了对线上线下有机融合以及学生主体作用的强调。[③]

总的来说，混合式教学从物理空间上可分为线上平台和线下课堂这两部分。在线上学习平台，学生对知识和教学内容进行自主学习，教师和学生以及学生和学生之间进行在线的互动和交流。在面对面教学课堂上，学生对学习成果进行展

① 赵嵬，姚海莹 . 混合式学习环境下教师教学行为的建构 [J]. 内蒙古师范大学学报（教育科学版），2013，26（2）：65.
② 黄映玲，苏仰娜 . 三合一《现代教育技术》课程混合学习模式的研究与实践 [J]. 中国教育信息化，2017（14）：20-23.
③ 杨芳，魏兴，张文霞 . 大学英语混合式教学模式探析 [J]. 外语电化教学，2017（1）：21-28.

示，教师对学生的学习情况进行反馈并组织学生进行讨论等活动。教学评价一直贯穿在线上平台和线下课堂这两种教学模式中。

八、"互联网+"背景下高校外语混合式教学的教学目标

混合式教学以教学活动实施的方向和预期达到的效果为教学目标，它的出发点和落脚点也是教学目标。混合式教学的教学目标是培养学生个性化学习的学习习惯、探究学习能力、自主学习能力和协同学习能力，提高学生的学习兴趣，进而提升学生的学习质量和学习效果。混合式教学的教学目标对学生的整个学习过程和感受都进行关注，核心目标是培养学生的学习能力，而不是仅仅关注学生的学习成绩和教学效果。要想实现混合式教学的教学目标，就需要进行科学的教学设计。

第二节 "互联网+"背景下高校外语混合式教学的教学设计

在进行混合式教学的教学设计和实施的过程中，要同时注重在教学过程中教师的引导、启发，监控的主导作用和学生的主体地位，这样才能将教学的效果通过实施教学方案或者教学计划而达到最佳。因此，混合式教学实际需要把"以教为主"和"以学为主"结合在一起，形成"学教并重"或"主导—主体"的混合式教学的教学设计。这种教学设计是以现代教育教学理论为指导，以促进学生发展为目标，将传统学习和在线学习这两种学习方式的有机要素进行结合，从而发挥出混合式教学的优势，实现教学效果和效率最优化。

一、高校外语混合式教学的教学设计理论依据

（一）系统科学理论

高校混合式教学的教学设计的系统分析方法来源于系统科学理论。系统科学理论是一种科学方法论，研究对象为系统，目的是揭示系统类型、一般性质和运动规律。系统方法通过运用各种系统论的思想和观点来处理和解决各种复杂的系统问题，对系统进行整体性分析是它的侧重点。

从组成系统各要素之间的关系和相互作用中发现系统的规律,来提供解决复杂系统问题的一般步骤、程序和方法。混合式教学的系统方法是由系统科学理论提供的。在系统理论的思想和观点的指导下,混合式教学的教学设计采取整体视角,对混合式教学的教学流程进行设计、实施和评价,使混合式教学成为功能最佳的教与学系统,从而使教学效果达到最优化。复杂的混合式教学是由各种要素共同组成的,如教师、学生、教学目标、教学内容、教学媒体、学习路径、教学组织形式等。这些要素互相影响,在对混合式教学进行教学设计的时候,要把教学当作一个整体来看待,确立好混合式教学的目标,统筹规划、协调和控制混合式教学的各个组成要素,这样才能立足整体,对混合式教学的全局进行把握,保障混合式教学系统运行顺利无阻,设计出最佳的教学方案来实现混合式教学的教学目标。

(二)教育传播理论

教育传播是一种教育者和受教育者之间的信息交流活动,是指按照一定的目的和要求,通过有效的媒体渠道选择适当的信息,从而把知识、技能、思想和观念等传递给特定对象的活动。混合式教学的开展过程就是对教育信息进行传播的过程。在教育传播论看来,是否选择了合适的传播媒体对传播的效果起着决定性的作用,即提高教学效果的关键是要科学合理地对教学媒体进行分析、选择、设计和运用。在进行混合式教学设计的时候,要将传播理论思想下的技术和方法进行合理的运用,具体可以分为以下两个方面:第一,信息传播要考虑接受者的接受能力。这就代表着教师在进行教学设计的时候,要先对学生的学习情况进行分析,充分地掌握学生的学习基础,对学生面对难易知识的接受程度和接受效果进行预测,从学生的角度出发来合理安排符合学生学习特点的教学活动。第二,信息传播要考虑传播通道或传播媒体的功能和有效性,以便选择能实现最佳效果的媒体,提高信息传递效率。因此,为了实现混合式教学效果的最优化,教师要对各种媒体通道的特性进行充分的考虑,分析优势和缺点。总而言之,高校外语教师要根据学生的需求和实际情况,认真对教学媒体进行选择,设计出最符合学生身心发展规律的教学计划,从多维度出发,将信息呈现给学生,使课堂内容更加丰富和生动,通过各种感官刺激来让学生学习外语的知识和技能。这样一来,外语的教学和学习就不会再枯燥和单一，大学生对语言信息的感知能力、理解能力和接受能力都会得到大幅度提升。

（三）建构主义学习理论

在建构主义学习理论看来，学生需要在特定情境下，基于自己已有的知识经验来进行知识的掌握和建构。学生在原有经验基础上，来进行知识的学习、理解和掌握。这就需要学生对知识进行自主的构建。学生根据已有经验建构知识的能力会在很大程度上影响学生学到知识的多少以及取得怎样的学习效果。因此，教师的教学要依据学生已有的经验展开，为学生创设较好的学习环境，提供有利条件来帮助学生主动建构知识、发展能力。通过以建构主义学习理论为指导思路，混合式教学的教学设计可以更科学地适应学生的学习规律和特点，并且取得更好的效果。在进行混合式教学的实际过程中，教师要始终关注学生已有的经验，了解学生的学习情况和多样性的学习需求，尊重学生的个体差异，为学生提供有利外语学习的学习情境，创造和谐轻松的线上线下学习环境，使学生以自身已有的学习经验为基础，在老师的指导帮助下，深入地学习知识，构建学习体系，在探究、互动和协作中促进经验的"生长"。

二、高校外语混合式教学的设计应遵循的原则

根据高校外语的学科特点和混合式教学的特点，这里结合一般教学设计的原则，重新整合出基于混合式教学的高校外语教学设计应该遵循的原则，主要有以下五点：

（一）"教师主导—学生主体"原则

"教师主导—学生主体"原则指的是在混合式教学的教学设计中，要以促进大学生语言能力和核心素养的发展为出发点，同时注重和突出教师的主导作用和学生的主体地位，达到"主导—主体"的辩证统一。教师的主导作用始终贯穿在混合式教学的每个环节中，而学生的发展始终是混合式教学的主要目标。在对混合式教学进行教学设计时，高校外语教师应当坚持以学生为本，坚持为大学生建构真实语境、组织多样化的学习活动、设计多元化的学习评价等。促进学生保持

较高的学习动力，形成积极的学习态度，成为学生实现外语学习目标的引导者和促进者。

（二）统整性原则

统整性原则指的是在对混合式教学进行教学设计时，要把系统、科学的方法作为指导理论，整体上对混合式教学系统进行规划和安排。混合式教学的各个要素是一个完整的、有机的共同体，并不是简单、孤立地组合在一起，只有系统中的各个要素处于和谐统一的状态时，混合式教学才能达到效益最大化、最优化。因此，高校外语教师在进行混合式教学的设计时，要从整体出发，采用系统的方法，分析和判断其中的各个要素，确保科学高效地实施教学计划。与此同时，作为一门语言文化类课程，外语学科具有综合性，所以教学设计更需要从整体出发，这样才能让学生更系统地掌握知识，全面提升和发展学生的核心素养和专业能力。

（三）开放性原则

开放性原则指的是在对混合式教学进行教学设计时，要保持教学内容、教学形式、讨论主题、练习和评价等方面的开放性，将混合式教学理解为一个开放的整体，给予学生足够的空间来进行思考、探索和创新，鼓励学生不迷信权威，进行独立思考，勇于质疑、批判和创新，促进学生多方面能力的发展。对具有开放性的混合式教学来说，在教学内容上，要以学生已有的经验和起点能力为基础，注重将学生所学的知识与实际的生活联系起来，提供一些学生感兴趣的讨论话题，来拓宽学生的视野和增加学生的知识储备；在教学活动上，要更加注重对学生的自主探究能力和发散思维能力进行培养；在教学评价上，更注重将评价主体进行综合多元化，将评价形式与内容多样化，帮助提高学生的意识和外语水平。

（四）创造性原则

创造性原则指的是在对混合式教学进行教学设计时，教师要对教学活动实施方案进行创造性的设计和运用。在混合式教学环境下，教学活动变得更复杂、更多样化。这是因为学生之间都存在着一定的差异，在现实生活和学习中也有一些相关的因素一直在变化和发展，所以教师无法将所有可能出现的教学情况和教学问题都预见到。高校外语教师在开展教学活动时要保持灵活性，根据具体的教学目标、学生不同的学习需求和认知特点来创造性地对混合式教学进行设计和开展，及时调整和修改教学设计方案，必要的情况下还要对教学方案进行重构，以此来应对混合式教学中可能会出现的教学问题和教学情况，让学生多样化发展。

（五）可行性原则

可行性原则指的是在对混合式教学进行教学设计时，高校外语教师的教学设计和成果应该是可行的、可付诸实践的。如果教学设计无法在现实中实践，那么它就失去了本身存在的意义和价值。一个科学合理的混合式教学的教学设计方案，其教学目标应是具体且可以实现的，无论是教学内容还是教学评价的方式等方面都应该是切实可行的，这样才能为教师开展教学活动打好坚固可靠的基础。因此，在进行混合式教学的教学设计时，高校外语教师要考虑自己的混合教学能力、学生的客观学习特点和外语基础以及当前开展混合式教学的客观条件，使自己设计的教学方案是合理的、科学的，具有足够的可行性，能高效地开展和加以实践。

三、高校外语教师混合式教学的教学设计的优化策略

混合式教学的教学设计是对传统教学设计的一种创新，它与教学设计发展的新动向相符，可以帮助教师改善教学方式、提高教学质量，有非常重要的意义。但是，目前高校教师对混合式教学进行教学设计的过程中还存在一些问题，需要我们解决。因此，下面将根据混合式教学的教学理念，针对高校教学的学科特点，结合有关的理论，从教师的角度出发，提出一些优化策略和解决问题的建议。

（一）更新教学理念，明确在混合式教学中的角色定位

混合式教学解除了传统教学模式中的时空限制，还拓宽了学生进行外语学习的途径，给予了学生更多的学习空间，使得师生之间进行交流的渠道和场所变得更加丰富；在教师的指引下，原本用来传递知识的课堂在混合式教学理念的作用下变成了培养学生丰富语感、学习技能、增强个性以及解决问题等能力的场所。传统学和教的方式在学习空间的增加和教学功能的改变下发生了变化，使教师的角色和职责也发生着变化。传统的教学理念比较陈旧，教师这一角色的定位也比较模糊，这些都会影响到教师正确认识混合式教学，更会阻碍教师的混合式教学设计能力和素质的提升。因此，教师应该及时更新自己的教学理念，以明确自己

在混合式教学中担当的角色和应承担的职责。

教师应该承担起设计和组织学生进行学习的责任。在混合式教学中，教师的角色不再仅仅是传授者，还应当作为设计者和组织者来负责学生的学习活动。作为外来语言，外语除了出现在学生的课堂教学活动中，在学生的日常生活中能运用到的机会非常少。所以，高校外语教师应该把握住混合式教学的特点来为学生创设良好的语言环境，使学生在线上的学习与线下的学习能互相呼应和巩固；同时高校外语教师也要提供丰富多样的学习资源，为学生构建出真实的外语教学情境，使学生更好地学习外语。此外，高校外语教师还要经常组织一些自主的、团体协作的学习活动来让学生在活动中练习外语，提高外语交际和活跃思维等方面的能力。

教师还应该担当起引导和促进学生进行学习的责任。在混合式教学模式中，高校外语教师应该以培养学生的核心素养为教学基础目标，组织各种丰富多样的、有挑战性的学习活动，并鼓励学生积极参与其中，以提高学生各方面的能力和素质，如语言能力、道德品质、思维能力和学习能力等。在大学时期，学生各方面的身体功能趋于完善，大脑的神经系统逐渐发育成熟，认知能力不断提高，使学生的逻辑思维能力越来越高并逐渐在学习过程中占据主导的作用。因为外语的学习和学习者的思维能力之间有着密切的联系，所以这一时期对外语学习非常关键。高校外语教师应该把握住机会，完善教学方式，利用好混合式教学具备的优势，对学生的外语学习进行引导，使学生能把学习外语看作一件轻松愉快的事情，从而将外语知识整理成系统性的知识，将来可以更好地发展自身的语言应用能力和创新思维能力。

（二）加强理论学习，深化对混合式教学的教学设计的认识

教师对教学理论进行学习，可以帮助自己更新教学观念、活跃教学思维，更好地实践混合式教学。在"互联网＋"的时代背景下，混合式教学对高校外语教师来说意义更加重大，高校外语教师要加强学习相关的理论知识，把握特点，改变和完善自己的教学理念，不断改进自己的教学思路，以加深对混合式教学模式的理解，适应混合式教学对高校外语教学设计提出的新要求。

首先，针对教学设计的目的，混合式教学的要求是"为了学"，而不是以往

的"为了教"。混合式教学的根本教学目的是让学生更好地进行学习。高校外语教师应该重新理解和把握教与学之间的关系，明白自己的"教"与学生的"学"并不是对等关系，自己的"教"也绝不可能取代学生的"学"；"教"是为了帮助学生更好地"学"。所以高校外语教师的教学设计应该从混合式教学的角度出发，将"为了教"的设计理念改变为"为了学"。以"为了教"为教学理念的教学设计强调流程化安排教学的各个要素，其目的是帮助教师对教学过程进行把握和控制；而以"为了学"为教学理念的教学设计强调以学生的发展为本，使学生更高效地学习，其教学要素是围绕着学生的"学"而进行的组合与优化，属于动态的教学设计。

其次，针对教学设计的方式，混合式教学的要求是"能力培养"，而不是以往的"知识传递"。时代发展要求教育重点培养学生的创新能力、复杂问题解决能力、交流与沟通能力以及高水平的信息素养。提出外语学科核心素养的概念意味着教师不仅要在教学课堂上传授学生知识，还要充分理解语言内容，挖掘出其中的逻辑思维、策略方法等，以培养和提高学生的语言能力和文化素养。所以在对混合式教学进行教学设计的时候，要将先进的教育理念融入其中，把培养大学生的核心素养当作导向目标，将教学设计由"学科知识为本"变成"能力素养为本"，培养学生的语言综合能力，鼓励学生进行语言学习。混合式教学的教育方式可以给学生提供更多的学习空间，创造更多的学习机会来练习听、说、读、写、各方面的能力，激发学生的语言学习兴趣，使学生不仅关注和追求学习成绩和学习结果。

除此以外，在混合式教学背景下，高校外语教师还要注重对外语知识的学习，对外语教学理论创新发展进行关注，从而使自己的外语语言能力不断提升，可以从更深、更广的角度来讲解课程知识。

（三）把握本质特征，改善混合式教学的教学设计行为

高校外语教师应该依据先进的理论和科学的原则，把握混合式教学的本质和特点，将教学目标和教学内容进行重新审视和组织，将教学策略和教学评价进行重新整合与设计，将自己的混合式教学的教学设计水平进行提高，从而使混合式教学的设计质量也不断提高。

1. 重新审视混合式教学环境下的教学目标

促进学生进行学习是混合式教学的根本目标，所以在对混合式教学进行教学设计的时候，厘清学生到底需要学会什么是首要的任务，也就是说，对混合式教学的教学设计，首先最重要的任务就是确立明白清晰的教学目标。对传统教育来说，其教学目的是教育学生，学习是作为教育的手段存在的，而分数就是将整个教育过程连接在一起的纽带。在这种教育思想的影响下，如果教学设计的目标只是学习知识，而不是培养学生的能力和素质，就很容易出现"教学目标设计形式化"的问题。

混合式教学在本质上来说是作为一种教育手段而出现的，所以它更注重对教学环境的创设。这种教学环境创设的目的是让学生充满活力，感受到人文关怀以及提高学生的生命质量，使学生全面综合发展。因此，高校教师应该深入理解混合式教学对"三维目标"进行深化的教学目标，对高层次的教学目标的实现给予更多关注。

教师应该对混合式教学的教学目标重新审视，从人的发展角度进行思考，对外语教学的内容和要求进行重新定位。高校外语具有双重的性质，分别是工具性和人文性，所以提出外语学科核心素养的概念也是在要求教师在使用混合式教学的教学手段的同时，要关注学生的学习情况，帮助学生提高自己的外语知识技能、学习思维能力以及人文素养等。要想实现这样的教学效果，教师需要对教材进行深入研究，对学生的特点进行分析，挖掘知识点中存在的方法和思维并选取重要和关键的方法来设计合理、恰当的教学目标，促进学生的学习以及自身的发展。

2. 重新组织混合式教学环境下的教学内容

教学目标的重要载体和实现手段是教学内容。在混合式教学模式中，教师要以教学目标和教学的需要为基础，对教学内容进行分析和组织。目前，在开展混合式教学时，有的教师虽然对教学大纲、教学参考书、线上拓展资料和线下教学内容的研究、组织和准备上花费了大量的时间和精力，但是付诸实践的过程中还是会出现很多问题，无法取得较好的实践效果。例如，教师花费很多时间准备的线上线下教学活动，却与教学任务之间的关联性不高，两者没有形成良好的衔接；教师设计的教学内容与学生的实际生活没有关系等。这些问题的存在会对学生语言知识体系的形成造成影响，甚至因脱离教学目标而使教学效率降低。造成这样结果的原因是，教师没有将混合式教学的特点进行准确的把握，也没有按照混合式教学的目标来系统规划教学内容，同时也忽略了学生的学习需求。因此，高校外语教师应该按照混合式教学的目标和学生实际的学习情况，从整体上对混合式教学进行布局和规划，为学生呈现出良好的教学内容。

大学生的外语学习有两个主要的特点，分别是持续性和渐进性。如果学生只学到了零碎的知识点，就无法使自己的语言应用能力得到综合、有效地提升。所以教师在对混合式教学的内容进行重新组织的时候，要按照教学目标，对各种教学资源和材料加以创造性地利用以及适当地调整和补充，使它能在符合学生外语学习水平的基础上满足学生的学习需求。在实践过程中，高校外语教师可以以单元教学目标为基础，对教材进行深入的分析，对各种途径得到的外语教学资源进行有机的整合；根据外语学科知识的内在逻辑，以学生的学习情况和认知能力水平为出发点，帮助学生以完成核心任务为目标进行学习，不断在实践中将自己的语言技能和学习思维能力进行提升。另外，教师在对混合式教学的内容进行重新组织的过程中，要注意对学生采取因材施教的方式，进行量体裁衣，使学生能系统地掌握所学的知识并构建出相关的知识体系，这对推进实施混合式教学也有着重要作用。

除此之外，在进行混合式教学内容的组织的过程中，教师还要注意内容组织要有层次性。在安排教学内容时，如果以大部分学生的外语平均水平为依据，就会对学生的个性发展产生消极的影响，从而无法保证教学设计的可行性、实用性以及针对性。学生之间存在着差异，都有着独特性，也有着不同的外语基础和学习能力。学生的认知能力和个性会在很大程度上对自身的课堂表现产生影响。所以在对混合式教学的内容进行设计时，教师要对学生的语言基础、学习特点和心理动态等方面进行充分的考虑和把握，根据具体的教学情境和现有条件对教学进行层次化和多样化设计，以避免以偏概全的情况出现，保证教学实施过程中学生的学习步调一致，使每个学生都能提高自己的外语水平。

3. 重新整合混合式教学环境下的教学策略

混合式教学设计中的一个重要环节是选择教学策略，教学策略的选择对混合式教学效果有着非常重要的影响。所以在选择混合式教学的教学策略时，教师要以教学目标为基础，总体规划和考虑教学活动的各个程序、组织形式、选择的方式和媒体等方面。教学策略不应该有规定性，而是应该有指示性和灵活性。混合式教学的教学策略在进行优化和组合的过程中要注意做到因"人"而异、因"课"而异。因此，在设计教学策略的时候，高校外语教师不应该采用统一的标准和模式，而是应该根据自己讲授课程的特点以及学生的接受程度来进行灵活的、有针对性的设计，只有这样才能取得较好的混合式教学的教学效果。

对混合式教学的教学策略进行重新整合可以分为两个方面：

第一，高校外语教师要依据教学目标、学科知识类型、学生的语言基础以及客观的教学条件，能达到对教学策略进行熟练的选择和制定，使之符合实际的教学情况；同时也要注意根据实际的教学情境来对教学策略进行适当的调整与变通。混合式教学的教学过程非常复杂，"教无定法"，不存在能适用所有的教学模式的万能教学策略。所以教师要根据学生的实际学习情况和学习需要，制定与教学方向相符的教学策略，使每个学生的发展能达到最佳水平。

第二，教师应该不断地进行学习，对不同的教学策略进行掌握，并在实践中总结和提炼教学策略的使用经验，总结出不同的教学策略对应的适用条件以及优缺点，从而能在实际的教学活动中根据需要熟练地选择出最合适的教学策略。例如，教师可以为不同的学习活动选择最合适的学习方式，来避免因线上和线下有重复的教学活动或者教学内容而导致教学效率低下的情况出现。线上学习可以使学生很方便地根据学习要素的情况组成虚拟学习小组以及根据不同的学习需求来进行个性化学习，进而能使学生学习活动的开展更高效；还有一些教学活动如果采用线下教学的方式会取得更好的效果，如提问式教学、演讲等。教师可以借助线下课堂对学生的学习结果进行总结和点评，不仅可以帮助学生查漏补缺，还可以展示一些优秀的学生作品，借此来激励学生。同时，线下未进行完的学习活动也可以延伸到线上平台来进行。教师需要及时进行总结才能掌握更多的教学策略，制定出符合现实情况良好的教学方案来提升学生的学习效率。

4.重新设计混合式教学环境下的教学评价

混合式教学的教学评价应该有多样化的特点，混合式教学的实施同样也推动了评价多样化的开展。课堂面授和线上学习是混合式教学的两个组成部分，要求学生有更高的自律性和更强的学习能力，所以教师需要利用合理、多样的教学评价来对学生的实时学习情况进行把握。如评价学生的学习动机、课堂的行为以及学习成果等，根据这些结果来对学生进行引导和鼓励，使混合式教学取得较好的教学效果。在对混合式教学的教学评价进行设计时，教师要把教学目标当作导向，构建一个多元主体参与、多维评价内容、多样评价方式的完善体系，充分体现外语学科"以人为本"的教育理念。

对教学评价的主体进行设计时，首先要确定"谁来评价"。高校外语混合式教学的评价主体并不是固定不变的，可以是学校、教师，甚至学生本人，或者小组成员以及同伴等。以上这些多元主体的全方位评价可以督促和鼓励学生的全面发展。例如，在对学生的听说能力进行评价的时候，学生可以拍摄微视频来记录自己的对话交流过程，教师可以组织学生进行互相评价的活动，将学生的错误发音和语音语调等问题进行纠正。在对学生的课外阅读进行评价的时候，教师可以让学生通过线上平台来分享自己的阅读感受，也可以让学生互相推荐好书，让学生对自己的阅读行为和阅读结果进行评价。

对评价内容的确立指的是"评价什么"。在进行高校外语混合式教学的过程中，教学评价的设计不仅要注意学生语言知识的获得情况，还要注重发展学生的综合语言应用能力以及培养学生的核心素养。教学评价的内容应该对学生语言知识点的掌握予以关注，对学生的外语能力水平进行评价，同时也要关注学生在学习过程中兴趣、情感、态度、策略、价值观念等变化与发展，使学生保持学好外语的动力。

对评价方式的选择指的是"如何评价"。在进行高校外语混合式教学的过程中，学校应该采取将形成性评价与总结性评价结合的评价方式来对学生进行评价，不仅要对学生的学习过程加以关注，而且也要对学习结果予以关注。把信息技术的优势结合到混合式教学中，可以使教学评价方式呈现出多样化的特点。在对混合式教学的评价进行设计和实施的过程中，教师要根据不同学生的学习特点，将学生放在主体的地位上，选择合适的评价方式，如在线平台测验、学习成果档案袋、口试笔试结合等，对学生的语言学习情况进行整体上的把握。教师可以利用技术手段，使用在线教学平台来对学生平时的作业完成情况等方面进行形成性评价。总而言之，在每次开展完学习活动后，教师都应该设计合适的评价方式进行评估。

（四）加强实践锻炼，提高混合式教学的教学设计能力

混合式教学开展的效果和质量受到高校外语教师混合式教学设计能力的影响。要想提高教学设计能力，教师要在充分理解混合式教学理念的基础上，对理论知识进行深入学习和加强，对实践活动给予足够的重视，使自己在理论和实践中不断提升。仅仅靠职前培训学到的东西是无法支撑教师走完整个教学生涯的，教师必须不断学习教学理论，提高和完善自己的知识储备。因此，教师要经常进行实践，在实践中锻炼自己，从而更科学高效地进行混合式教学的教学设计，最大限度地提高教学设计质量。

高校外语教师应该在实践中提升自己的教学设计能力。"实践出真知""实践是检验真理的唯一标准"，只有进行反复的实践练习，教师才能完全把握混合式教学设计的基本内容，将混合式教学设计的特点了然于胸，总结出相关的原理和方法。高校外语教师要在对教学设计进行反复练习、修改和打磨的过程中，学会不同的设计方法，找到适合自己和适合学生的设计风格。通过这种方式，教师才可以巩固学到的混合式教学的知识、积累相关的经验，从而能灵活地应对、处理和解决教学当中遇到的问题。通过对相关教学理论的学习，教师可以提高自己的混合式教学设计能力，并且在实践中不断进步。

（五）加强对教学设计的反思，提高混合式教学的教学设计质量

对提高混合式教学质量来说其中不可缺少的环节是教师对教学设计的反思。与此同时，教师对教学设计进行反思也是保证自身专业可以持续性发展的主要方式。所以教师要充分意识到反思的重要性，通过反思进行修改。对教学设计进行反思有着诸多好处，例如，教师能从反思中总结本次教学经验，教师能通过本次反思为下次教学提前做好准备。通过不断地反思与实践，教师可以及时对自己的教学设计进行回顾，发现其中存在的问题和不足之处，以便在下一次的教学设计中进行改正和完善教学设计方案。在这个过程中，教师对混合式教学过程的理解会得到进一步的加深，提高教学设计水平的动力也会得以激发，教学设计的经验也会一点点累积，混合式教学设计的可行性、针对性和有效性也会进一步得到提高。由此可见，教师对教学设计进行反思可以在很大程度上帮助教师提高教学设计能力。所以，要想提高混合式教学设计的质量，每位高校外语教师都要学会进

行教学设计的反思,在反思中总结经验,不断成长。

如果养成了及时进行教学设计反思的习惯,教师就可以在一次次的反思中提升自己发现问题的能力。在教学过程中,教师会遇到各种各样的突发问题以及意料之外的问题,所以教师要对教学设计进行及时的分析和反思,对教学场景进行回顾,抓住细节和关键信息,从而选择得当的处理方式和解决方案。教师要在不断地反思中找到自己教学过程中的"得"与"失",积累教学设计的经验,不断提升自己的混合式教学设计的水平。

教师在进行教学设计的反思时,要注意采取正确的方法,不能盲目地进行反思,也不能只针对教学的结果进行反思,而是应该带着反思的目的,对教学设计和实施的全过程进行审视。高校外语教师在反思时要注意以下方面:学生是否达到混合式教学目标的要求;自己采用的教学策略和对学生的作用;对学生的外语水平是否得到提升;学生能否接受自己设计组织的教学内容难易程度;线上线下的教学活动安排是否合理等。学生的学习需求、教学目标、教学媒体的选用、学生的学习体验等情况也都在教师的反思内容中。高校外语教师要从实际出发,实事求是地对自己的教学设计进行及时的反思,从而更加高效科学地实施教学计划和教学方案,使自己和学生一起不断进步和成长。

第三节 "互联网+"背景下高校外语混合式教学平台的设计

混合式教学将线上学习与线下面对面学习的优势进行了融合,不仅将两者的长处进行了结合,还把两者的优势进行了互补。但是要想实现混合式教学,仅仅依靠现有的慕课平台是做不到的,还需要设计和打造一个全新的在线学习平台。

一、混合式教学平台的设计理念

(一)以学习者为中心

作为一种教育范式,混合式教学把学习者作为中心,对学习者的个性化以及学习的全过程都加以关注。所以在设计混合式教学平台时,要使以学习者为中心的设计理念得到充分体现,将在线学习和面对面学习有机地融合起来,将传统课堂的教学流程彻底改变,让学生感受到、体验到全新的外语学习过程。混合式教学平台将互联网和信息技术的特点进行了充分发挥,录制教师的课堂讲授,并在教师的指导下让学生观看这些录制好的视频资料,同时给学生布置章节练习以及在线测试,对学到的知识加以巩固。通过这种学习方式,学生可以有更多的时间来进行课堂学习,师生之间、生生之间可以展开更多的学习活动,进行课堂讨论和小组合作,学生协作学习的能力和探究能力都会得到提升。

(二)强化自主学习

在设计混合式教学平台时,要将自主学习的理念贯彻其中,尽量做到让学生在教师的指导和帮助下,自主对学习内容、学习时间和学习进度进行把握。教师录制的教学视频最好控制在 15 分钟左右,保证教学内容足够集中、视频主题足够明确,让学生可以随时随地对课程视频进行回顾,更加方便和自由地浏览和播放视频。与此同时,混合式教学平台还应该能满足学生灵活选择外语学习的时间、地点以及学习速度等个性化的学习需求,对学生的自主学习能力进行培养。

(三)重视教师的价值

实际上,一般在慕课平台进行学习时,课程内容、交互技术以及其他的学习资源是学生常常关注的方面,对教师的真正价值,学生常常会忽略掉。在慕课平台上,录制完教学视频后,教师会把更多的注意力放在修改和完善平台技术的部分,而很少会和学生就外语知识进行深度的交流。所以,混合式教学平台要将教师的作用充分地发挥出来,如设计学习活动、促进学习过程和对学生进行心理辅导等。慕课技术的作用是帮助学生对其学习和生活进行指导、照顾和鼓励,另外也帮助教师留出更多的精力和时间来投入到具有更高价值的教学活动中。例如,教师可以在混合式教学平台上给学生布置章节或者单元自我测试,让学生对自己的外语学习效果进行简单的自我评价,这样就可以将教师的工作量减少,从而有更多的时间投入到面对面的线下课堂教学活动中或者一对一的辅导环节等方面。

(四)大数据分析理念

在设计混合式教学平台时,也要将大数据分析的理念利用好,充分跟踪和记录学生的外语学习过程。学生的学习状态、学习进度以及对知识的掌握程度，都应该在混合式教学平台上记录下来，使教师可以利用混合式教学平台的数据分析功能，在最短的时间内对学生的学习状态、学习行为、学习习惯和学习风格等进行分析，全面掌握学生的学习情况、任务完成情况、出现的问题等，从而更好地开展后期教育以及对学生的问题进行干预。

二、混合式教学平台的两种类型

混合式教学平台的开发和设计一般是由高校教师团队来主导，其中开发和设计团队中包括任教老师、助教以及专业的在线课程建设的技术人员。根据目前国内外的建设混合式教学平台的文献资料以及实验研究的经验，我们可以将混合式教学平台的开发模式分为引入型混合式教学平台和创新型混合式教学平台两种。

（一）引入型混合式教学平台

引入型混合式教学平台是按照混合式教学的理念和要求以及学生的实际需求和课程特点，将学校教育主管部门和教师团队作为核心主导来构建。引入型混合式教学平台引入了现有的慕课平台上的优秀教学视频资源，让教师把这些教学资源安排给学生在课前或者课堂上观看和学习，之后再组织学生进行小组讨论、课后练习等活动。这样一来，可以大大节省教师制作教学视频的时间、精力和财力，使教学成本降低、教学质量提高。教师在选择好慕课课程后，要按照外语课程的培养目标以及课程的进度要求，以班级为单位组织学生进行线下面对面的讨论和交流，及时记录和跟踪学生的慕课学习情况，将平台的优势完全发挥出来，同时也可以为教学评价做好准备。此外，引入型混合式教学平台还可以将高校现有的外语精品开放课程加以利用和吸收。按照实际的教学需求，引入型混合式教学平台要对课程结构、运行方案和教学评价方式进行及时的调整；同时也可以与现有的较为成熟的慕课平台进行对照，将视频课程按照教学要求分为若干个部分，明确各个部分的学习内容、学习目标和教学任务，然后分阶段地按照课时要求去完成各个部分。要想实现国家精品在线开放课程的可持续发展，需要对国家外语精品开放课程进行充分的开发和利用，使用优秀的教学资源并发挥其价值。国家精品在线开放课程覆盖面广、种类齐全、制作精良，是混合式教学平台的重要课程资源。

（二）创新型混合式教学平台

在慕课的基础上，创新型混合式教学平台对混合式教学平台进行了全新的打造。它将线上学习和线下教学的优势进行了结合，真正开始把学生作为中心，培养学生的个性化学习习惯。在创新型混合式教学平台中，慕课的技术优势被保留了下来，混合式教学过程中教师对学生的指导、鼓励作用也得以延续。创新型混合式教学平台由三个模块组成，分别是教师端、学生端和后台管理。

1. 教师端模块

教师端模块的主要内容是制作教学课程资源，包括对课程的创建和介绍部分、对课程内容的设计部分、对课程信息的补充部分以及管理学生的信息、课程的信息和考试信息的部分等，其中重点的内容是创建课程和制作课程视频。一般来说，创建课程的程序时，最开始要对外语课程进行开发，即教师按照实际的教学情况和教学需要，确定开发课程内容的方向，然后教师团队根据确定好的课程方向录制课程视频。值得注意的是，课程视频时长一般要控制在15分钟左右，主要特点是微型化和碎片化，以方便学生的自主学习和观看。制作视频时，教师还要注意按照明确的教学目标，突出教学重点、合理布局教学内容，采取通俗易懂的方式讲解重点知识，以此满足学生深度学习和自主学习的需求，同时体现出教师的教学特色和讲授风格。其中，课程视频制作的难点是如何将教学知识微型化和层次化，使知识均匀分布在每一节视频课程中，所以这对整个教师团队的智慧和教学经验提出了较高的要求。

2. 学生端模块

学生端模块包括我的书包、课程讲义、课程学习、公告与课程资料下载、讨论区、考试题库、单元练习和电子教材等内容。创新型混合式教学平台把以学生为中心当作设计理念来进行学生端的设计，引导和鼓励学生培养自主学习和个性化学习的学习习惯。我的书包模块包括知识库以及外语学习课程有关所有知识的链接；课程讲义模块包括教师的课程讲义，方便学生随时下载来进行自学或者复习；课程学习模块包括教师录制上传的课程视频，方便学生随时随地进行观看和学习；公告与课程资料下载模块包括一些与课程有关的学习内容，如课程上线通知、考试通知、预习复习资料等；讨论区模块包括学生学习交流和讨论的平台，学生可以设立讨论区或者交流平台来进行交流和问题讨论，方便师生和生生之间进行互动交流；考试模块包括了在线考试题库和考试平台，可以让学生在线自动测评；单元练习模块包括学生单元小测的练习，可以让学生对题目进行交流讨论；电子教材模块包括电子版的课程教材，可以节省学生的学习费用，并且帮助学生进行深度学习。创新型混合式教学平台设计的学生端把学生作为中心，方便学生随时随地学习，有助于全面提升学生的学习效率和教师的教学质量。

3. 后台管理模块

后台管理模块一般包括教师信息管理、学生信息管理、课程信息管理和资料上传下载等模块，利用互联网大数据分析的技术，跟踪和记录学生的外语学习过程，可以动态分析所获取的信息和数据，帮助教师对学生学习过程中存在的问题进行干预、提升教学效果；同时后台管理模块还可以为教学评价提供参考数据，在技术上保证对学生自主学习和探究能力的培养。

三、混合式教学平台案例分析

在互联网时代，为了满足学生对混合式教学的学习需求，真正实现高校"立德、树人、开智、增能"的人才培养目标，泛雅网络课程平台按需求被开发和设计出来。泛雅网络课程平台是根据实际的教学情况，将慕课系统进行了重新设计和改造，统一了教、学、教学管理三方面的需求，满足了学生时时可学、处处能学和人人乐学的在线学习需求，是与高校教学改革发展需要相符合的一个创新型混合式教学平台。

（一）泛雅网络课程平台

1. 泛雅网络课程平台的结构设计

泛雅网络课程平台在2013年开始建立，是基于Linux框架的edX源代码二次开发的创新型混合式教学平台。作为一种创新型混合式教学平台，泛雅网络课程平台的功能结构如下（图9-4-1）：

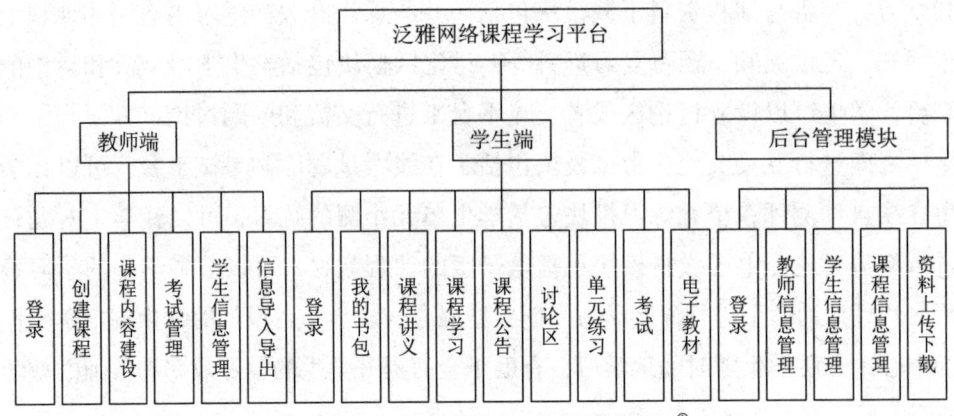

```
                    泛雅网络课程学习平台
           ┌───────────────┼───────────────┐
         教师端           学生端         后台管理模块
```

图 9-4-1　泛雅网络课程平台的功能结构①

为了满足混合式教学的教育目标和教育需求，泛雅网络课程平台采用了HTML6的模式设计和Python开发语言，运用了Internet和Intranet技术，架设了视频服务器的模块来储存教师提前录制好的课程视频。此外，为了存储平台运行过程中产生的中间数据和运行信息，该平台还架设了应用服务器。平台的主要使用者为学生和教师，他们可以使用个人电脑通过Internet网络进入网站来学习课程、下载学习资料或者上传课程视频等。

2. 泛雅网络课程平台的主要特色功能

目前来说，泛雅网络课程平台是一个包含了外语学科和其他学科的综合性学科平台，有着80多门线上的课程。与一般的慕课平台不同，泛雅网络课程平台不是单纯地让学生观看课程视频来进行在线学习，而是将教师的教学管理、课堂内容和学生的学习跟踪、在线测试等环节通过网络技术和云技术完整地融合在一起，从而形成混合式教学的全新模式。

泛雅网络课程平台将在线考试和成绩管理整合为一个系统，第一使用对象是在校大学生，主要特色功能包括：试题在线自动评判、考试防抄袭、多媒体电子教材在线订阅、虚拟云书包、学习轨迹管理、协同笔记等。

（1）试题在线自动评判

试题在线自动评判功能借助了SMP来架构多线并行的程序，自动对编写的试题从正确性、性能和扩展性三个角度进行评判，并且可以有针对性地对学生提交的作业进行修改和评判，达到了人工评判无法实现的教学效果。

---

① 张勇昌，耿潘潘."互联网+"背景下混合式学习模式建构研究[M].秦皇岛：燕山大学出版社，2020：121.

（2）考试防抄袭

考试防抄袭功能是通过 ROST Web Spider 算法得以实现的。平台通过评判学生提交作业的相似度来实现防止抄袭的效果。这项功能可以有效督促学生自行、独立地完成作业和考试，提升学习能力和学习效果。

（3）多媒体电子教材在线订阅

多媒体电子教材在线订阅功能可以给学生提供订阅各种各样的电子教材和书籍的平台和机会，拓宽学生的视野，降低学生的学习成本。对教师来说，他们也可以使用这项功能将自己的课程讲义上传之后形成电子教材，从而更好地进行教学和研究课程。

（4）虚拟云书包

虚拟云书包功能可以帮助学生对自己的课程讲义、电子学习资料、作业和考试卷等内容进行整理，管理教师布置的在线作业，表达自己的学习体会和查看自己的作业、考试结果及学习评价等内容，从而提高学生的自我管理能力及自主学习能力。

（5）学习轨迹管理

学习轨迹管理功能是借助 Java 来编写服务端的应用程序，跟踪和记录学生的学习过程和学习轨迹，通过分析收集的学生信息和数据来帮助教师掌握学生的学习情况、对学生进行学习评价。学生学习轨迹管理功能是教师在线教学的重要工具，本项功能可以对学生实施学习干预。

（6）协同笔记

协同笔记功能可以让学生更好地记录课堂知识、学习笔记以及存储学习资料。该项功能支持使用者上传任意文件，同时可以像移动网盘一样同步所有学习数据。对教师来说，他们可以通过查看协同笔记的情况来掌握学生的学习态度、学习进度、学习深度以及对知识的把握程度。

（二）Unipus

北京外研在线数字科技有限公司是外语教学与研究出版社（简称外研社）在2014年正式创办的全资子公司，同时也是外研社数字化升级置换中的唯一载体。该公司利用外研社和北京外国语大学的优质教学资源以及品牌积累，将先进的科学技术融入优质的教学资源中，其商业布局涵盖了软件、硬件、内容和培训等方面，可以为所有年龄段的使用者提供一站式的外语教育数字学习方案，具有专业性、科学性和高效性。

2014年10月18日，"外研在线Unipus"的数字在线教育平台被外研社开发出来，用以提供高等外语教育的数字解决方案。其中，该平台还提供了U校园智慧教学云平台这一数字产品。

U校园智慧教学云平台的主要用户是高等学院的学生群体和教师群体，可以提供与高等外语教学相关的服务。该平台提供教、学、评、测、研一站式混合教学解决方案，学习内容生动有趣，学习工具高效便捷，还有无缝对接的多终端功能的支持，可以在全方位提升学生的学习体验和教师的教学体验以及教学效果。此外，该平台还使用了强大的数据分析技术，对教学活动和教学内容进行持续不断的分析，使学生可以进行个性化学习，教师可以根据平台提供的学情预测和教学建议来进行智慧化教学。

U校园智慧教学云平台在上线第四年的时候就已经有超过1500家高校使用"U校园"进行学情和教学管理，30000余位认证教师，600万名学生登陆"U校园"完成课业学习和自我提升，1亿多小时的学生学习记录，受到了外语教育界的广泛好评。

第四节 "互联网+"背景下高校外语混合式教学的效果评价

一、混合式教学的评价方式

混合式教学的效果评价方式为：线上进行检测，线下进行考核，评价采用定量与定性相结合。这种方式对学生在整个学习过程中的学习状态监测和评价会更加注重，同时注重提升学生各方面的能力，如自主学习能力、团队协作能力、深度学习能力、创新能力等。并且与传统面对面授课的教学模式相结合，最终得到评价方案和结果。

不同的时间阶段里学习评价的内容和学习任务也不相同。一般来说，学习评价可以划分为形成性学习评价和总结性学习评价。

形成性学习评价借助混合式教学平台来跟踪和记录学生的学习全过程，可以帮助教师对学生的学习状态和心理变化进行掌握，以便教师对学生的学习进行及时的干预。在将课程视频和其他课程资源上传到混合式教学平台后，教师可以通过查看学生观看课程视频的时长和数量、完成在线测试的情况及交流互动的频率等情况对学生进行动态的形成性评价。这种评价方式可以让教师对学生的学习状态、学习习惯、学习进度以及存在的学习问题等方面进行客观而全面地掌握，帮助学生调整自己的学习以及帮助教师进行下一步的教育干预。此外，形成性学习评价还可以作为重要的参考依据来帮助教师对课程内容和教学设计的效果进行判断。教师通过对平台的数据进行分析，清楚地发现课程内容和教学设计上存在的问题和不足之处，以便在后续的课程制作和教学设计中加以改进，提高教学的效果和质量。

总结性学习评价指的是教师在结束教学活动后对学生是否达到规定的教学目标而做出的评价，具有回顾式的特点，通常是按照记分的形式来给出学生的最终成绩。通过这种评价方式，教师可以了解学生的知识掌握程度。总结性学习评价是一种静态评价，优势是操作简便，不足是无法将学生的学习全过程进行体现。

以上两种学习评价方式的区别如下（表9-5-1）：

表9-5-1 两种学习评价方法的区别

对比内容	形成性学习评价	总结性学习评价
评价目的	依据学生学习过程的表现，形成学生对所学知识的理解程度的评价	依据考试成绩，"总结或鉴定"学生学到了什么
评价手段	侧重定性分析 评价手段多样化 考试本身就是学习活动	侧重定量分析 评价手段单一 考试本身不是学习活动
课堂管理	混合式教学 有多次展示学习能力的机会	浸入式教学 只有一次展示能力的机会
评价标准	除了成绩，学生是否有各种潜在能力的提高	依据测试成绩对学生学习效果进行评价

传统教学中，存在着看重总结性评价，轻视形成性评价的问题。而混合式教学评价体系在构建过程中，采用的评价方式是将形成性评价和总结性评价进行结合，所以更重视培养学生的学习能力和实践能力。在评价体系中，形成性评价和总结性评价所占的比重均为50%。

二、混合式教学评价指标体系的构建

混合式教学的效果评价要按照评价对象的特点，有逻辑地对评价体系进行构建，使评价过程进行得有理有据、明确而清晰。建立混合式教学评价指标体系可以使教学中各个层次的指标参数形成一个有机整体，以便教师顺利地开展评价工作，取得较好的效果。

在对评价指标体系进行构建的过程中，要格外重视评价指标的优选和指标权重的确定。

（一）评价对象和评价目标的确立

在对高校外语混合式教学评价指标体系进行构建时，首先要做的是精准定位评价对象和评价目标。评价对象定位越准确，教师的认知越充分，所构建出来的评价体系就会越科学有效。混合式教学打破了传统的教学方式，不再以教师为中心，而是将学生当作中心，强调学生的主体地位，所以评价对象是学生。混合式教学可以让学生传播和共享知识，支持学生利用平台的各种在线资源来自主学习知识、挖掘知识。混合式教学的效果评价不仅在评价体系中加入了学生"线下"的学习成绩，还加入了学生"线上"学习的参与度、积极度等情况，使教师在对学生的学习效果进行评价时，能做到全面、客观和准确。

（二）混合式教学评价指标体系的初建

在对高校外语混合式教学评价指标体系进行构建时，要对适用范围和特点以及实际的建设情况加以考虑，对各种构建方法的优势和劣势加以权衡。此外，还要对可测指标的选取以及各指标之间的关联度进行细致的考量，尽量做到指标清晰准确，不遗漏、不重复，使教师可以全方位、准确对学生进行评价。

1. 文献研究法

文献研究法是指对目前国内外的混合式教学效果评价的相关文献进行收集、

整理、分析以及整合，梳理出其中涉及评价指标的内容。

2.目标分解法

目标分解法是指按照混合式教学的总目标，逐层分解人物的构成，也就是说，可以将教学的总体目标看作一级指标，再按照混合式教学的任务和要求，将一级指标逐层分解为二级指标，以此类推，直到末级指标。

3.调查研究法

调查研究法是指利用问卷调查、专家访谈等方式，对混合式教学的建设和开展过程中存在的问题进行了解和咨询，总结出经验和方法，深刻了解混合式教学的内涵，从而将影响混合式教学的关键因子提炼出来。

学习态度、合作与交流、实践能力和学习成绩这四个维度共同构成了初建混合式教学评价的一级指标，对一级指标进行细化和分解后可以得出12个具体的二级指标，具体如下（图9-5-1）：

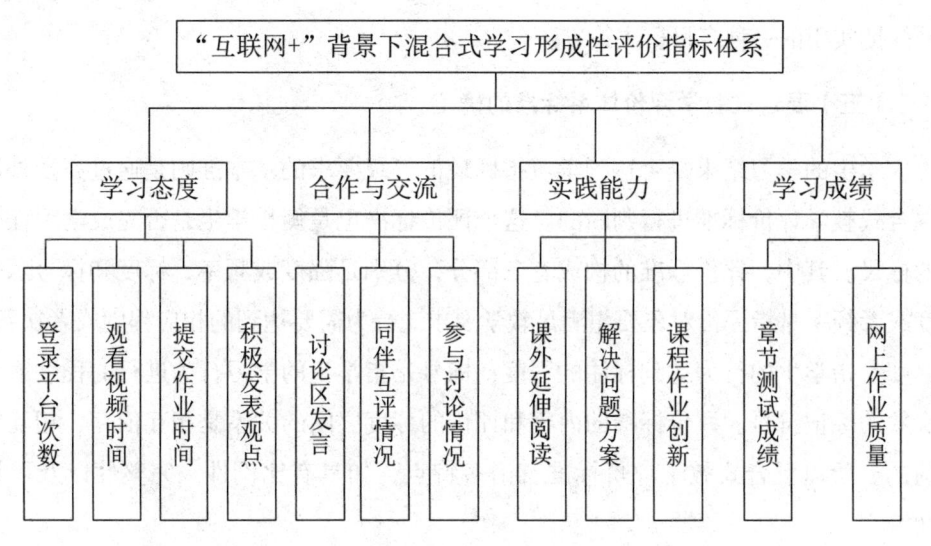

```
                "互联网+"背景下混合式学习形成性评价指标体系
    ┌──────────────┬──────────────┬──────────────┬──────────────┐
   学习态度        合作与交流       实践能力         学习成绩
 ┌──┬──┬──┬──┐  ┌──┬──┬──┐   ┌──┬──┬──┐     ┌──┬──┐
 登 观 提 积    讨 同 参    课 解 课      章 网
 录 看 交 极    论 伴 与    外 决 程      节 上
 平 视 作 发    区 互 讨    延 问 作      测 作
 台 频 业 表    发 评 论    伸 题 业      试 业
 次 时 时 观    言 情 情    阅 方 创      成 质
 数 间 间 点       况 况    读 案 新      绩 量
```

图9-5-1 初建混合式教学形成性评价指标体系[①]

（三）混合式教学评价指标的修正和优选

在高校混合式教学中，指标体系并不是一次性形成的，而是需要根据实际的教学情况不断进行调整、完善和优化的。混合式教学指标体系在初始建成的时候，

---

① 张勇昌，耿潘潘."互联网+"背景下混合式学习模式建构研究[M].秦皇岛：燕山大学出版社，2020：139.

一般指标内容可能会出现重复的问题；此外，如果不对评价指标进行甄别、筛选、对比、归类与合并，还会出现评价指标侧重某些方面的问题。这些问题都会对评价工作的开展起到不利的作用，所以必须设立对指标体系进行修正和调整的环节。在调整和优化指标的过程中，要对各个指标的区分度、重要性和相关性进行综合分析和权衡。

（四）混合式教学评价指标的权重设定

在构建指标体系过程中，确定指标的权重是难点。指标权重指的是某个指标在所有评价指标中所占的比重，可以体现这项指标的重要性。能正确地给指标权重进行赋值才能最终形成准确客观的评价结果。目前，常用的权重赋值方法包括专家评分法、德尔菲法和层次分析法。其中，专家评分法的操作非常简单，但是精确度不够；德尔菲法具有较高的科学性和准确性，但是需要借助专家的帮助和支持才能实现，操作性难度较大；层次分析法是目前对指标进行赋值的最广泛、最简捷实用的一种多目标决策方法。

（五）混合式教学评价体系标准的确定

学生的学习结果是否达到学习指标最低等级要求的基本准则是通过高校外语混合式教学评价标准进行判断的。这个评价标准也是衡量学生是否完成学习任务的标尺。其中，评价标准的构成有三部分，分别是强度或频率、标度和标号。强度或者频率是指评价对象要想满足教学要求，行为需要达到的相应程度或者次数；标度是指学生的行为达到标注的程度；标号是指学生的学习行为进行的程度或者次数的标记符号。评价标准的内容和评价的标度之间的关系是相互依存、相互制约的。所以混合式教学评价标准有诸多特点，如具有比例性、完整性以及可调性等。

三、高校外语混合式教学效果的多元评价策略

在开展新文科建设的情况下，高校外语混合式教学成功与否的关键在于高校是否能针对当前教学评价中存在的问题，更加尊重学生学习外语的认知规律和学习的特点，采用诊断建议性评价的方式，使高校外语教育进入内涵式发展的阶段。因此，高校应当采取一系列的教学策略来完善自己的评价体系，如积极探索多元

化的新型评价策略，采取拓宽外语评价内容、突出多元技能要素、实施全过程评价、扩大师生评价主体等方式，从而将多元评价体系的作用最大限度地发挥出来，提高外语教学的效果。

（一）拓宽评价内容，实现测试标准多元化

要想实现外语混合式教学评价的多元化，高校必须将评价的内容拓宽，将测试标准进行多元化发展。具体来说：第一，高校要了解混合式教学背景下外语教学多元化的内容要素，深刻意识到外语教学除语法和词汇之外，还包括听与说等其他方面的内容。第二，高校要拓宽教学评价的内容，采取网络评价和小组评价等方式对学生进行评价。例如，高校外语教师可以在每单元的学习结束后，对学生进行形成性评价，评价的内容可以包括学生收集的学习资料、参与小组讨论的情况等方面。同时，教师可以指导学生建立个人学习档案，记录下学习每单元时自己的学习计划、学习感受、学习成果和学习评价等学习的全部内容。第三，高校在学完每单元后对学生的学习进行总结性的评价，将学习目标作为主要的依据来对学习成效进行评价。所以，总结性的成效评价要在学生理解本单元内容的基础上考查学生的外语运用能力，如词汇语法的应用、语境的契合等方面。高校也要结合实际情况对学生的外语沟通能力和外语应用能力制定多层次、有针对性的测试和评价。

（二）突出评价的层次性，促进评价发挥综合效果

高校外语混合式教学中的优势就是能充分发挥学生的主体性。要想使每一个大学生都能将自己的主观能动性最大限度地发挥出来，就需要外语教师对不同情况的学生采取不同的教学方式和评价方式。所以要注意以下两点：第一，高校在设置混合式教学的评价时要符合学生的实际学习情况，使评价有个性和层次性。例如，高校外语教师可以使用互联网技术来记录和汇总学生平时的外语学习情况，把这些学习情况建立成动态数据库来把握学生的整体学习情况，并且要格外重视小组合作中学生的表现，为以后进行综合性评价提供依据。第二，高校外语教师要利用层次化的评价结果有针对性地对学生进行激励，让学生充分发挥自己的长处，弥补不足之处。

（三）实施全过程评价，提升评价的科学性与合理性

为了能使外语教育评价的科学性与合理性得到有效提升，高校可以利用信息技术，将学生学习过程的信息整理成数据库，真实而准确地记录学生对外语学习的全过程。与此同时，高校外语混合教学的主要方式是自主学习，要想完全实现科学有效的全过程评价，还需要学生对自己的学习进行自主评价。因此，高校外语教师要让学生清晰地掌握自己的学习目标和学习方式，对自己的外语学习进行自我监督，并不断地主动进行反思和调整。具体有两方面的内容：第一，无论是在线上学习还是面对面的线下教学中，学生要始终进行自我监督和自我管理工作，以保证自我评价的科学性。第二，对学生的学习过程和学习成果，教师要适时地进行监督，对学生的自主评价进行合理的引导，落实到位，以保证学生自我评价的合理性。

（四）扩大师生评价主体，充分发挥评价激励作用

高校如果想要将教学评价的激励作用完全发挥出来，就需要将评价主体进一步扩大，采取教师评价、同伴评价等评价方式，构建多元化的混合式教学评价体系。首先，在外语混合式教学评价中，高校要推动教师评价和同伴评价的共同发展，其中教师评价要更注重学生外语语言运用的专业性，同伴评价更要注重学生在小组协作中的实际表现和付出。与此同时，在进行同伴评价前，教师要根据学生的实际情况设定一些原则性的评价标准，最大程度地保证同伴评价的客观性和公平性，从而使同伴评价激发出学生的学习积极性和学习动力。在教学评价中两种评价方式共同发挥作用。其次，教师可以在了解每位学生的语言水平和学习情况的基础上，带领学生成立一些有协调性的外语评价小组。此外，教师还要引导学生互相听取意见，主动根据这些合理的意见来提升自己的外语学习水平以及语言应用能力。

参考文献

[1] 苏红，王银泉. 数字人文时代高校智慧型外语教师信息素养提升策略研究 [J]. 外语电化教学，2022(2)：55-63，121.

[2] 仇晓春. 移动外语学习内涵探析与评价指标框架构建 [J]. 外语界，2022(1)：73-82.

[3] 韩晔，高雪松. 外语教师混合式教学认知与实践研究述评 [J]. 外语与外语教学，2022(1)：74-83，149.

[4] 胥春兰. 高校外语课程实施混合式教学的困难及其解决策略分析 [J]. 黑龙江教师发展学院学报，2021，40(11)：136-138.

[5] 郭继荣，周峻. 移动外语学习的效能评估概念模型与计量方法 [J]. 西北师大学报 (社会科学版)，2021，58(5)：96-102.

[6] 汪世纪. 高校外语智慧课堂教学模式实施策略探究 [J]. 现代英语，2021(13)：29-31.

[7] 张艳. "线上+线下"立体化教学模式在高校外语教学中的应用 [J]. 文教资料，2021(15)：232-234.

[8] 闫正坤，周平. 翻转教学对大学生外语习得的影响研究 [J]. 外语教学理论与实践，2021(2)：86-96.

[9] 毛平，张兆琴. 产出导向法理念下的外语教学改革与实践研究——以《语言学导论》课程为例 [J]. 佳木斯职业学院学报，2021，37(5)：97-98.

[10] 甘容辉，何高大. 5G时代外语智慧教学路径探索 [J]. 外语电化教学，2021(2)：45-51，7.

[11] 李荣妮. 基于慕课下的高校外语翻转课堂教学模式探究 [J]. 山西青年，2021(7)：88-89.

[12] 姚敏. 国内外外语/二语翻转课堂教学研究述评 [J]. 怀化学院学报，2021,

40(1)：124-128.

[13] 钟富强. 智慧外语教学改革的路径与系统构建研究 [J]. 外语电化教学，2021(1)：85-91，14.

[14] 马国友，屈社明. 高等外语教育翻转课堂学习力研究：背景、理论与模型 [J]. 宝鸡文理学院学报（社会科学版），2021，41(1)：130-136.

[15] 田雪静. 基于移动互联网环境下外语课程资源建设与应用 [J]. 黑河学院学报，2020，11(11)：111-112，174.

[16] 韩晶晶. 基于 Unipus 高校外语教学平台的大学英语混合式教学有效性研究 [J]. 黑河学院学报，2020，11(11)：127-129.

[17] 北京市高等教育学会研究生英语教学研究分会，吴红梅等. 现代外语教学与研究 [M]. 北京：中国人民大学出版社，2020.

[18] 王欢月，闫冰. 国内高等外语教育翻转课堂研究：知识基础、研究热点与未来走向 [J]. 煤炭高等教育，2020，38(5)：88-96.

[19] 袁园. 基于网络教学平台的混合式教学模式在高校外语教学中应用 [J]. 湖北开放职业学院学报，2020，33(17)：162-163.

[20] 郭鸿雁，周震. 新时代外语教学改革 [M]. 银川：宁夏人民教育出版社，2020.

[21] 李秀珍，孙钰. 翻转课堂在外语教学模式中的构建和实施 [J]. 高教学刊，2020(19)：111-114.

[22] 邓东元，徐绍华. 基于我国高校外语慕课研究的 SWOT 分析 [J]. 学术探索，2020(5)：151-156.

[23] 齐媛媛. 探索国际化背景下外语智慧课堂的建构 [J]. 文教资料，2020(9)：225-226，237.

[24] 周晶. 自主学习背景下高校外语慕课建设策略 [J]. 教育现代化，2019，6(92)：212-213，221.

[25] 许秋敏. 基于"互联网+"的高校外语立体化教学模式研究 [J]. 安徽工业大学学报（社会科学版），2019，36(2)：82-83.

[26] 林晓卿. "互联网+"时代高校日语智慧教学模式初探 [J]. 佳木斯职业学院学报，2018(8)：337-338.

[27] 王海南. "互联网+"背景下大学英语移动化教学模式的研究[J]. 中国新通信, 2022, 24（04）: 201-203.

[28] 王静. 我国高校外语教育信息化政策发展研究[D]. 上海: 上海外国语大学, 2018.

[29] 王钢. "互联网+"时代高校外语数字化教学的变革与应对[J]. 重庆科技学院学报（社会科学版）, 2017(10): 125–128.

[30] 朱庆卉, 陈磊. 大数据时代的高校外语教学特征探究[J]. 中国教育信息化, 2016(23): 36–39.